Querida Marina y Mark:

Que este libro te acompañe y que cuando el bebe llegue una comunicación profunda y amorosa fluya más allá de las palabras

Luz, Bendiciones, Amor, Salud Felicidad Alegria y Prosperidad

Karina

29/Abril/2011

MW01700290

SHANTALA

Frédérick Leboyer

SHANTALA

un arte tradicional
el masaje
de los niños

Editorial Lancelot

Leboyer, Frédérik

Shantala: un arte tradicional el masaje de los niños - 1a. ed. -

Buenos Aires: Lancelot, 2006.

Traducido por: Rafael H. H. Freda

ISBN 987-22621-6-0

1. Masajes para Niños. I. Freda, Rafael H.H., Trad. II. Título

CDD 615.822 054

Fecha de Catalogación: Enero 2007

Versión Castellana de Rafael H.H. Freda
Shantala, un art traditionel le massage des enfants

3ra. Edición - Abril 2010
ISBN 987-22621-6-0
Hecho el depósito que marca la ley 11.723
Impreso en la Argentina. Printed in Argentina

Dedico este libro
a mi madre.
A todas las madres.
A Shantala.
Y por su intermedio
a la India,
mi segunda madre,
de la que tanto aprendí.

¿Quién, algún día, no se ha interrogado sobre la vida?
¿Quién, alguna vez, no se ha preguntado qué es la vida?
Preguntas demasiado ambiciosas.
Y sin respuestas.
Pero a quien –más modestamente– pregunta:
"¿Dónde comienza la vida? ¿Y cuándo?"
Una respuesta le llega, inmediata, tan simple
como evidente:
"La vida comienza con el nacimiento."
Y toda inquietud desaparece.
¿Evidencia?
La vida comienza con el nacimiento...
¿Realmente?
En el vientre...
En el vientre de la madre, ¿no está vivo el niño? ¿No se mueve?
Sin duda: se mueve. Pero eso –dicen algunos– no es más que simple actividad refleja.
¡Actividad refleja! ¡No!
Hoy sabemos que, bastante antes de haber sido "dado a luz", el niño percibe la luz. Y que oye. Y que, desde su oscuro retiro, está a la escucha del mundo.
Hasta sabemos que pasa de la vigilia al sueño. ¡Y hasta que sueña!
De modo que hacer comenzar la vida con el nacimiento es equivocarse groseramente.
Pero entonces. ¿qué es lo que comienza cuando el niño viene al mundo? ¿Si no es la vida?, ¿qué es?

Lo que comienza
es el miedo.
El miedo y el niño
nacen juntos.
Y nunca se separarán.
El miedo,
compañero secreto,
discreto como la sombra
y –como ella– fiel, obstinado.
El miedo,
que no nos abandonará
hasta la tumba
a la que fielmente
nos habrá conducido.

He narrado esta epopeya del nacimiento *.

Y este nacimiento del miedo.

Mostré al joven aventurero asaltado, apenas se arriesga a salir de su retiro, por los mil monstruos que son las sensaciones del mundo exterior.

Esas sensaciones lo esperan y lo aplastan con su estruendosa novedad.

Mostré al joven héroe a punto de sucumbir aniquilado por la sorpresa y el terror, mucho más que por el sufrimiento.

E intenté indicar cómo, con un poco de inteligencia y de destreza buena parte de esto podía cambiarse.

"¿Y después?", me han preguntado.

¿Qué hay de los primeros días, de las primeras semanas?

Es cierto: las pruebas no han terminado. El niño va a encontrarse nuevos monstruos.

Nuestro Argonauta deberá librar otros combates.

Para comprender bien lo que esto significa, volvamos atrás una vez más.

* *Pour une naissance sans violence.* Éditions du Seuil, 1974.

En el vientre de la madre, la vida era de una riqueza infinita.
Sin hablar de los ruidos y los sonidos, para el niño todo estaba
constantemente en movimiento.
Puede darse que la madre se levante y camine,
que se dé vuelta, que se agache,
o que se ponga en puntas de pie,
que limpie las legumbres o maneje la escoba...
Cada cosa es una ola,
cada cosa es una sensación para el niño.
Y aunque la madre descanse,
aunque tome un libro y se siente
o aunque se acueste y se duerma,
no por eso cesa su respiración
cuya tranquila marejada,
cuya resaca,
continúa acunando al bebé.

Y después,
pasada la tempestada del nacimiento,
el niño está ahí, solo, en su cuna.
O quizás, Dios mío, en una de esas camitas que son jaulas para recién nacidos.
¡No hay nada más que se mueva!
El desierto.

Y el silencio.
El mundo en derredor súbitamente se ha
congelado, se ha fijado
en una total y aterradora inmovilidad.
Y después,
en tanto que afuera se ha hecho un vacío total,
de pronto
desde dentro
en alguna parte del vientre
algo aferra
algo retuerce
algo muerde...
"¡Mamá! ¡Mamá!"
¡Ah, qué terror!

¿En el vientre?
¡No,
está allá, en la sombra!
Si, en lo oscuro
hay una fiera.
Sí, sí, un tigre, un león...
"¡Lo escucho! ¡Lo siento!
¡Mamá! ¡Mamá!"

¿Una fiera? ¿En la sombra?
¿A punto de saltar sobre el nene y devorarlo?

¿Un lobo quizás?
¿Un lobo transformado en abuelita
que acecha a Caperucita Roja
y se prepara para devorarla?

Entonces, ¿es un lobo?
¿Dónde está?
¿En la cama? ¿Bajo la cama?
¿Detrás del biombo?

¡No, no!
Está aquí, en el vientre.
Y se llama
el hambre.

¿El hambre, un monstruo?
El hambre es una sensación placentera. ¿No es cierto? Si hasta la sentimos volver, y varias veces por día, con una viva satisfacción.
Sensación placentera
para nosotros.
Que sabemos muy bien que comeremos.

Pero, ¿para el niño?
El pobre bebé, ¿puede moverse?
¿Puede ir al refrigerador?
¿Puede, como en el restaurant, gritar:
"¡Mozo! ¡Mozo!"?
¡De gritar no se priva! Y con toda su voz:
aúlla
para manifestar que dentro...

Y... ¡nada viene!
Hay que esperar.
Y soportar.
Y dejarse devorar... por la inquietud.
Hasta que finalmente, del desierto que es –ahora– el mundo
allá afuera,
viene algo
que calma, al fin,
al monstruo que se ha despertado
dentro.

Afuera, adentro...
Ya está: el mundo partido en dos.
Adentro, el hambre.
Afuera, la leche.
El espacio
ha nacido.

Adentro, el hambre:
afuera, la leche.
Y entre los dos
la ausencia,
la espera
que es indecible sufrimiento.
Y que se llama
el tiempo.

Y es así
que, simplemente,
con el apetito,
han nacido
el espacio
y la duración.

Si los bebés aúllan cada vez que se despiertan, no es porque el hambre los atenace.
No están muriendo de inanición.
Están aterrados por la novedad de la sensación. Por ese "algo dentro" que toma proporciones inmensas justamente porque, afuera, el mundo ha muerto.
Hay que alimentar a los bebés.
Sin ninguna duda.
Alimentar su piel tanto como su vientre.
Y después, en ese océano de lo nuevo, de lo desconocido, hay que devolverles las sensaciones del pasado. Que son las únicas, por el momento, capaces de aportar un sentimiento de paz, de seguridad.
Esa piel, esa espalda, no han olvidado.
He narrado cómo las primeras contracciones en el seno materno habían aterrorizado al niño.
Dije cómo, pasada la sorpresa, el pequeño ser había comenzado a gustar de esa fuerza, había comenzado a anhelar esa fuerza que se adueñaba de él, que lo aplastaba, Y que después lo dejaba estupefacto y saciado.
Y dije cómo, semana tras semana, el abrazo se había hecho más apasionado, más poderoso.
Para, finalmente, culminar en el delirio, en la embriaguez del parto, del pujo.
Sería un grave error imaginar que el nacimiento es necesariamente doloroso para el niño.
El dolor no es ninguna fatalidad
en esto, no más que en el parto.
Así como "dar a luz" puede ser para la mujer, si se libera del temor, una experiencia embriagadora a la que nada puede compararse,

el nacimiento puede ser, para el bebé, la más extraordinaria, la más fuerte, la más profunda de las aventuras.

Así, su grito no es más que una protesta apasionada contra el hecho de que un placer tan intenso acabe de cesar, bruscamente.

Dije que justamente en el nacimiento es necesario tocar al niño, masajearlo.

Así, al prolongar la sensación poderosa, lenta, rítmica,
al hacerla morir lentamente,
se evita la ruptura brutal, causa de sufrimiento y de rechazo.

Así al niño le parece que la contracción lo acompaña hasta el final, para no abandonarlo sino cuando esté bien establecido en esa nueva y mareante libertad.

Lo que se hace en el nacimiento hay que repetirlo cada día, durante semanas, durante meses.
Porque por largo tiempo todavía el bebé, cada vez que se despierte, experimentará el choque de volver a encontrar el mundo al revés: las sensaciones fuertes "en" su vientre, su estómago,
y "afuera", ¡nada!
Es esencial restablecer el equilibrio.
Y alimentar el "afuera" con tanto celo como el "adentro".
Para ayudar a los bebés a atravesar el desierto de los primeros meses de la vida,
para que no experimenten más la angustia de sentirse aislados, perdidos,
es necesario hablar a su espalda,
es necesario hablar a su piel,
que tienen sed y hambre
igual que se vientre.

Los bebés tienen necesidad de leche,
sí.
Y de recibir caricias.
Pero más todavía de ser amados.

Oler...
Oler por medio de la nariz es percibir el mundo más allá de lo que puede extenderse la mano.
Escuchar es explorar todavía más lejos.
Y ver, ¡ah!, ver... es, con los ojos, acariciar el universo a miles de leguas a la redonda.
Cada sentido nos dice el mundo. Su mundo. Y la mezcla se hace.
Cada sentido extiende las fronteras un poco más lejos, haciendo al universo más vasto, más variado y más rico.
Pero tocar: todo comenzó –muy simplemente– por esto.
El lenguaje, que sabe tantas cosas, lo recuerda:
"Me tocó en lo más hondo..."
"Realmente, amigo mío, su atención ha tocado un punto muy sensible en mí, muy sensible..."
En los bebés, la piel ante todo.
Es el sentido primero.
Es ella la que sabe.
En los niños muy pequeños, ¡qué fácilmente se inflama!
Enrojecimientos, eritemas, pústulas...
¿Microbios? ¿Infección?
No, no.
Mal tocados.
Mal cargados. Malos cargadores.
Mal llevados. Mal amados.
Ah, sí, hay que cuidar de esa piel, alimentarla.
Con amor. No con cremas.

Ser cargados, acunados, acariciados, tocados, masajeados; cada una de estas cosas es alimento para los niños pequeños,

tan indispensable, si no más, que vitaminas, sales minerales y proteínas.

Si se lo priva de todo eso
y del olor, del calor
y de la voz
que tan bien conoce,
el niño, aunque esté harto de leche, se dejará morir
de hambre.

TÉCNICA

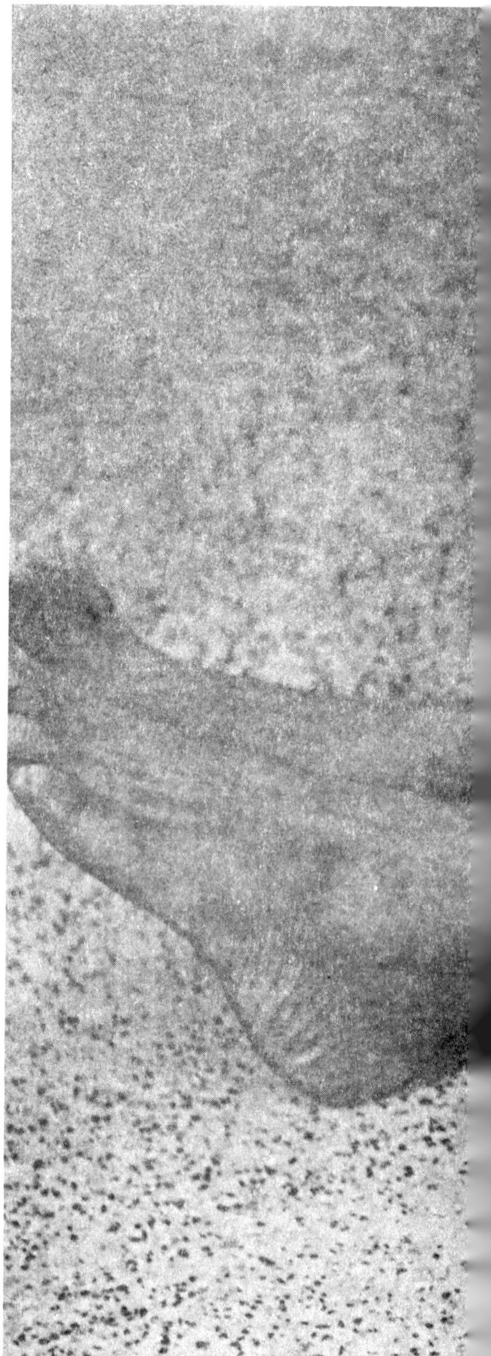

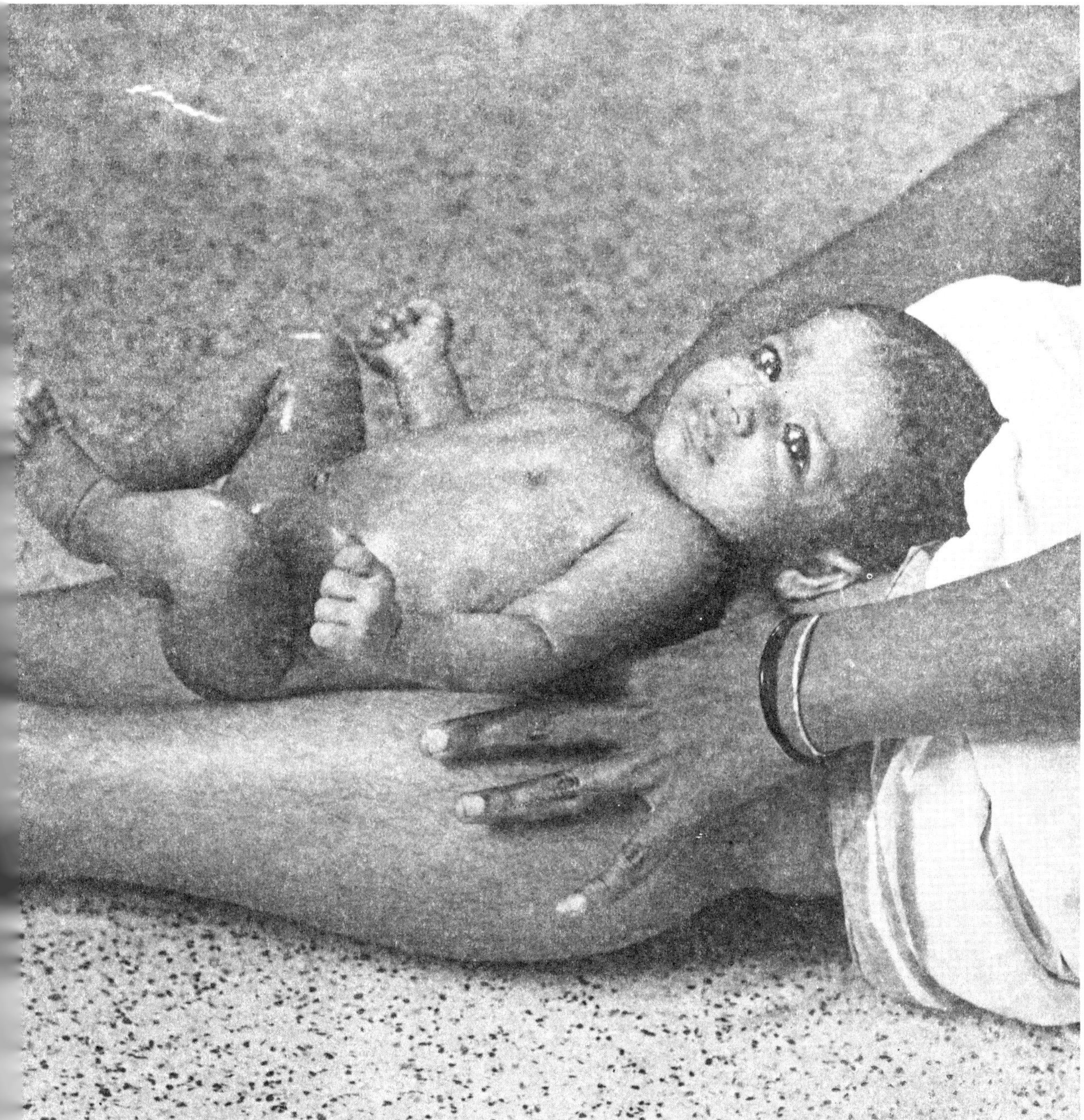

El masaje de bebés es un arte
tan antiguo como profundo.
Simple pero difícil
difícil porque es simple.
Como todo lo que es profundo.

En todo arte hay una técnica.
Que es necesario aprender
y dominar.
El arte en sí mismo no aparecerá,
sino después.
De hecho, existía todo el tiempo.
Justamente porque está más allá
de la duración.
Pero, por el momento,
cesemos de preocuparnos por él.
Y dediquémonos a la técnica.
Que es de una gran precisión.

Como el niño debe estar enteramente desnudo, es importante que el masaje se de en una pieza caldeada. El bebé no debe jamás experimentar la impresión de frío.

En verano, el masaje, se dará preferentemente al aire libre, y acto seguido se dejará al niño al sol, desnudo.

El masaje se da con aceite que previamente se ha entibiado.

Hay que dejar de lado todo aceite mineral y no emplear más que aceites naturales.

En la India, las mujeres emplean el aceite de mostaza en invierno y en verano el aceite de coco.

El niño debe estar en ayunas.

Esto es, el masaje no se dará inmediatamente después de que haya tomado la teta o el biberón.

Al masaje seguirá el baño.

Que completará el efecto de relajamiento profundo. Y desembarazará la piel del exceso de cuerpos grasos no absorbidos.

El masaje se dará durante la mañana.

Puede repetirse a la tarde, antes del sueño.

Finalmente, la mujer debe estar sentada en el piso. Este es un punto esencial.

Sentada en el piso, en el suelo mismo.

Piernas extendidas, espalda bien derecha, hombros distendidos.

Masajear al niño sobre una mesa, con la mujer de pie o sentada en una silla, es perder el significado profundo. Es perder el beneficio.

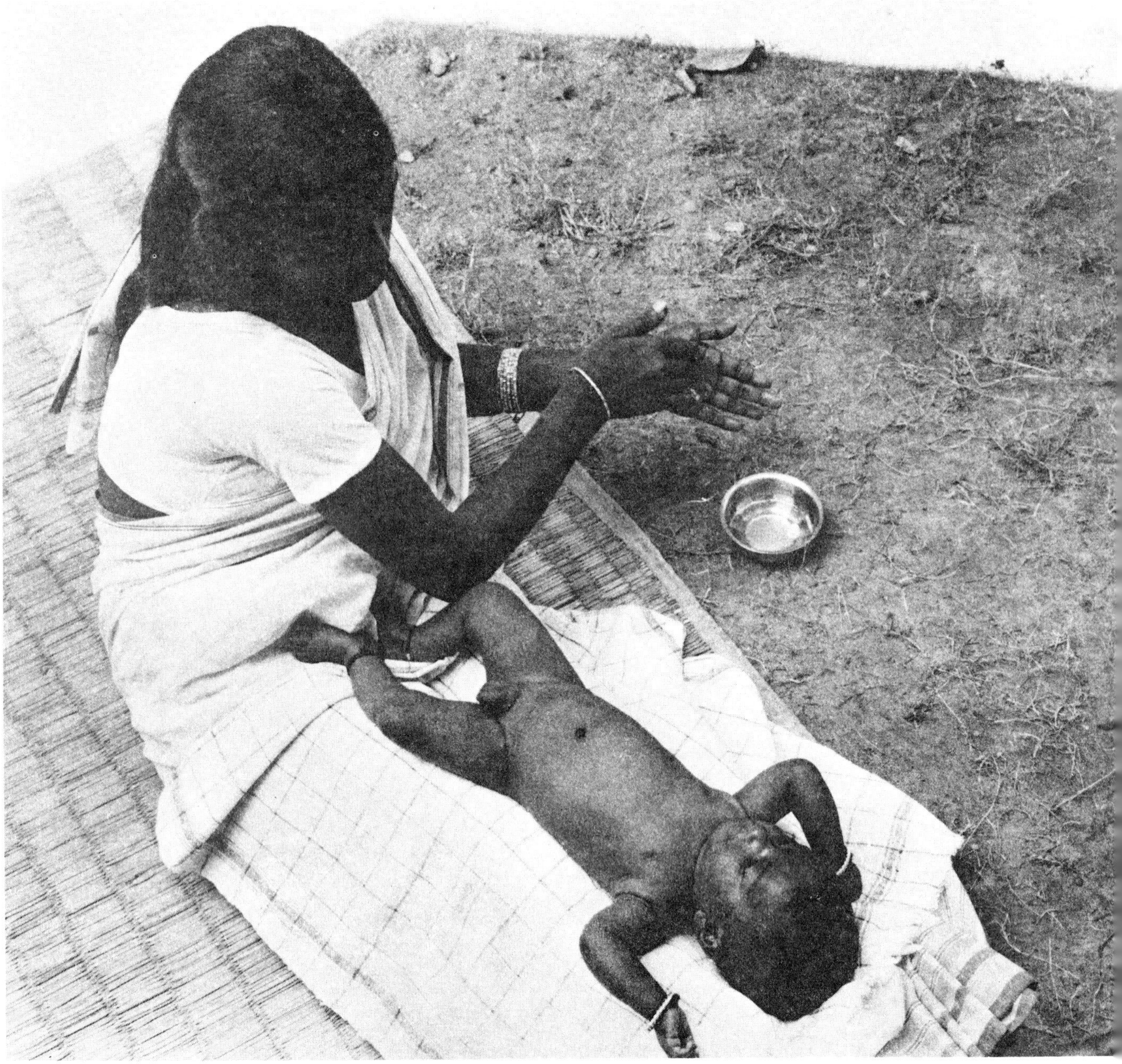

Entonces, aquí está usted, sentada directamente en el suelo.

Cerca, el aceite en un recipiente pequeño. Tibio, no lo olvide.

Sobre sus piernas usted ha colocado una toalla. Bajo la cual es prudente colocar una tela impermeable. La profunda distensión que procura el masaje y el bienestar que muy pronto experimentará el bebé harán, muy a menudo, ¡que vacíe su vejiga!

Se mirarán el uno al otro.

Y ese contacto de los ojos es de gran importancia.

Todo el tiempo del masaje hay que hablarle al niño.

De ningún modo literalmente, con palabras. Y será mejor permanecer en silencio.

El silencio ayuda a la concentración.

Y, justamente, usted va a aprender a comunicarse de otra manera.

Esté atenta.

No piense más que en lo que está haciendo.

¡Esté "ahí"!

Háblele a ese bebé con los ojos, con las manos.

Con su ser.

Si es verano, si hace calor
o simplemente si está en su casa
y se siente perfectamente bien,
póngase cómoda.
Cuanto menos vestimenta tenga
más libre estará su cuerpo
y mejor funcionará.
Y entonces no ponga nada
entre el niño y usted.
Coloque el cuerpecito
directamente sobre las piernas.

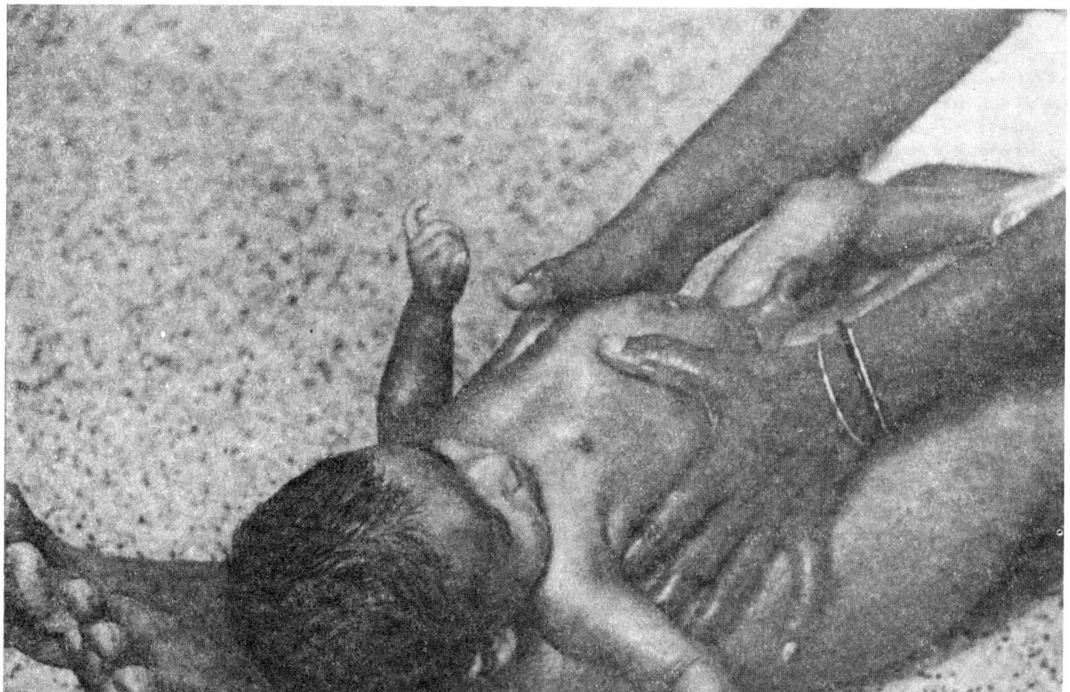

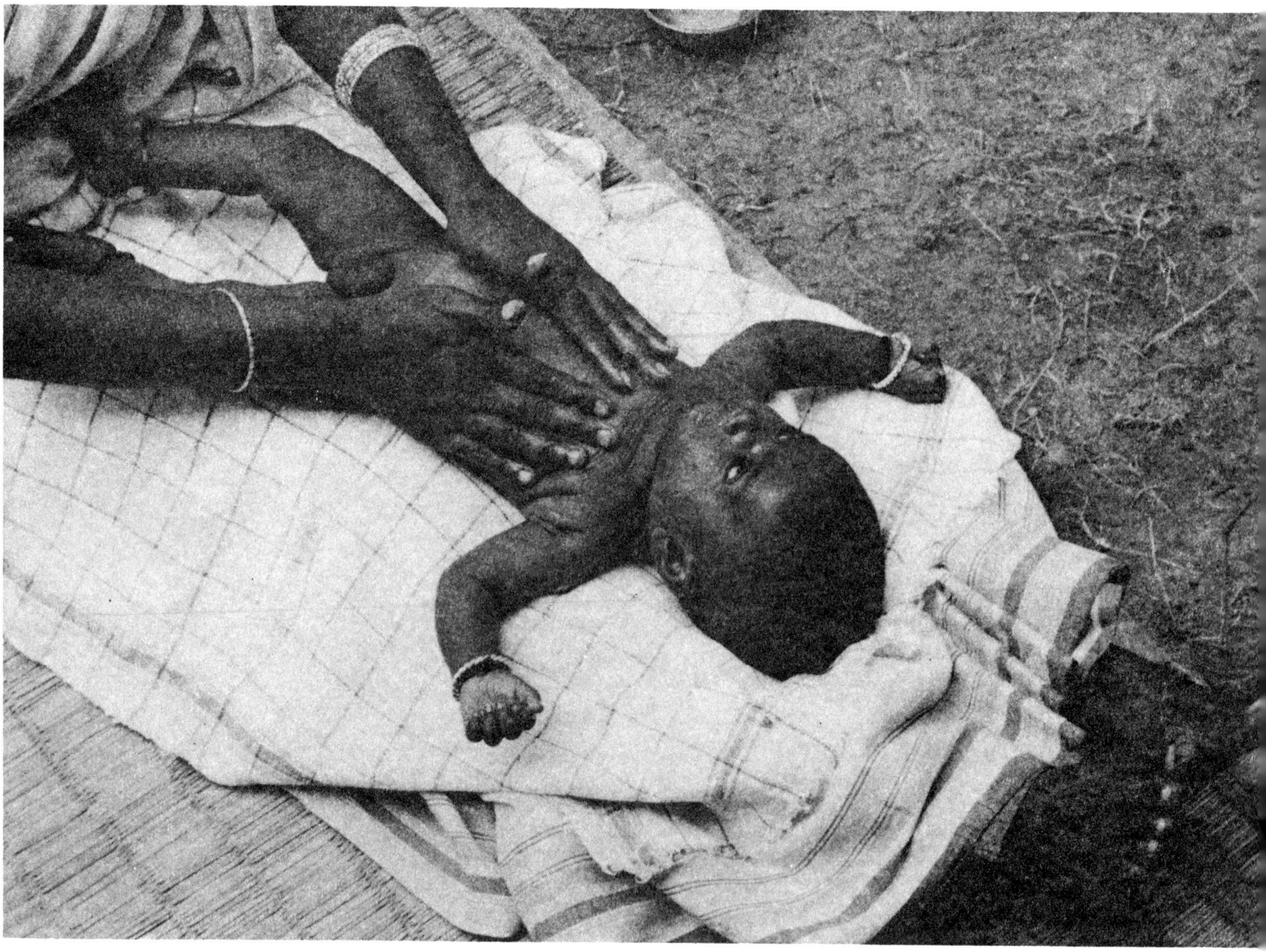

El pecho

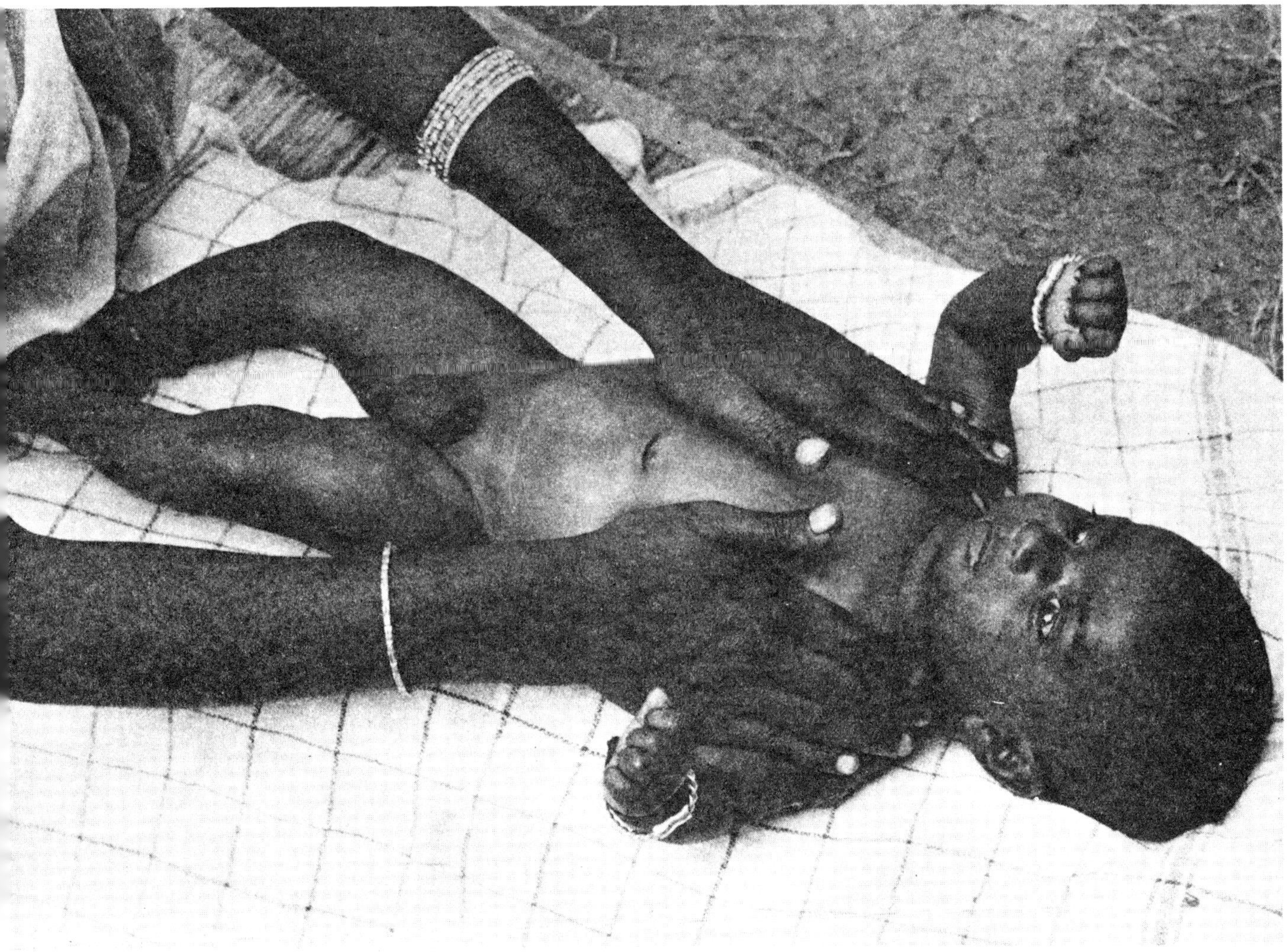

Usted colocó aceite en sus manos.

Ponga sus manos en el pecho del niño, y sepárelas.

Cada una va a un lado, siguiendo de algún modo la dirección de las costillas.

Después vuelven a su punto de partida, y, volviendo a salir del medio, retornan hacia los costados.

Es como si usted, teniendo delante un libro abierto, quisiera alisar bien las páginas.

Así, sus manos trabajan juntas; pero en dirección opuesta.

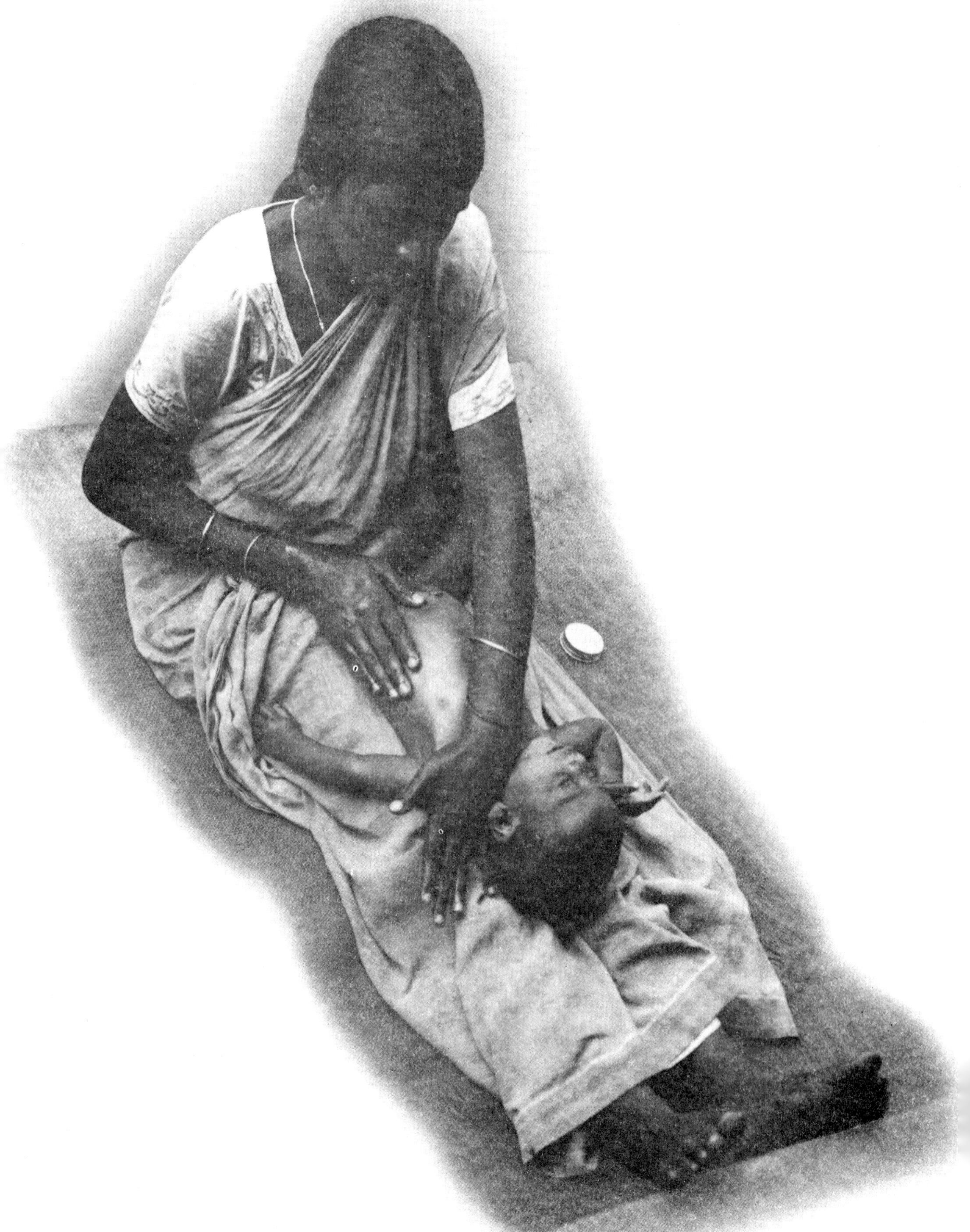

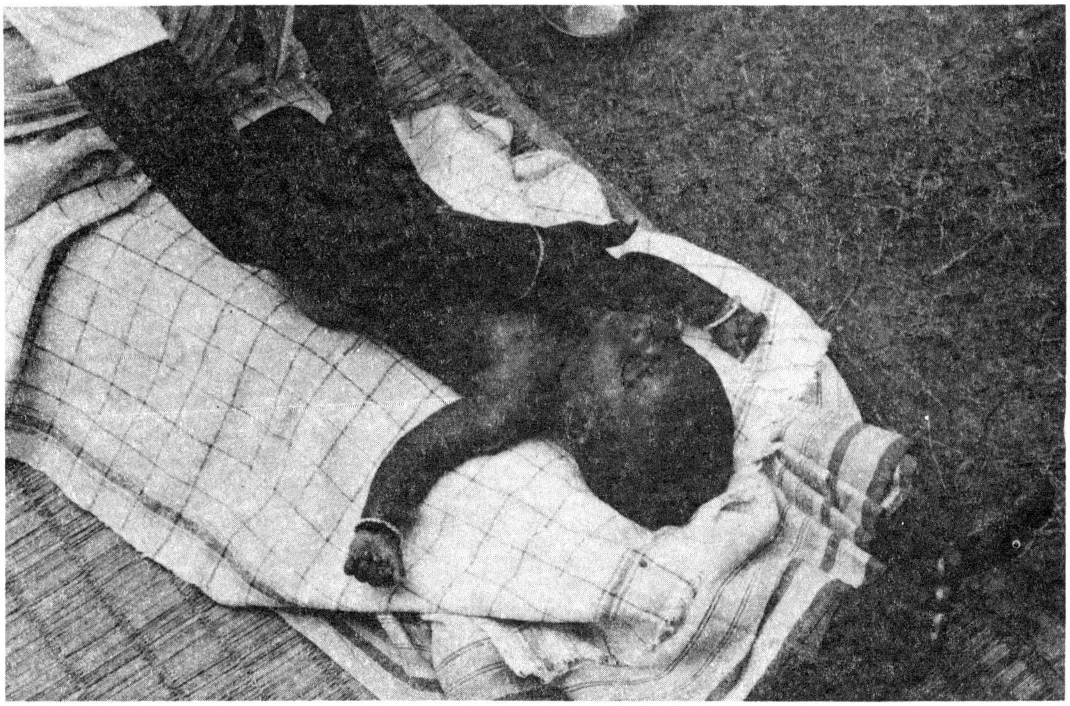

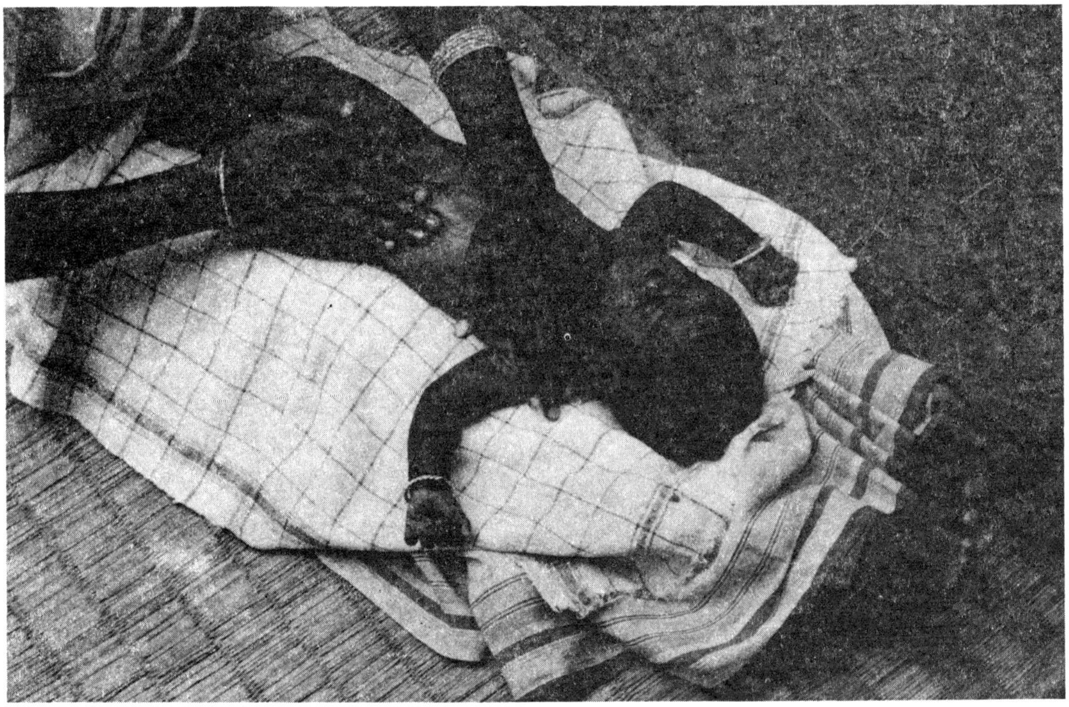

Ahora sus manos trabajarán por turno.

Partiendo del flanco izquierdo del bebé (que está a su derecha), su mano derecha sube hacia el hombro opuesto. Al hacerlo recorre el pequeño pecho y se detiene en el hombro derecho del niño.

Entonces su mano izquierda parte a su vez en dirección al hombro izquierdo del bebé (que está a su derecha),

y sus manos continúan trabajando así, una después de la otra, igual que olas.

Usted comenzó lentamente, ligeramente.

Siempre conservando la lentitud (usted no debe acelerar jamás, sino conservar un mismo ritmo perfectamente uniforme desde el comienzo del masaje hasta su fin),

siempre conservando, entonces, la lentitud, la presión de las manos se acentúa. Esto debe ocurrir por sí mismo, sin intención.

Preste atención también al fin del movimiento:

la mano, con su borde externo –esto es, el que se prolonga por el meñique– llega a deslizarse sobre el cuello del niño.

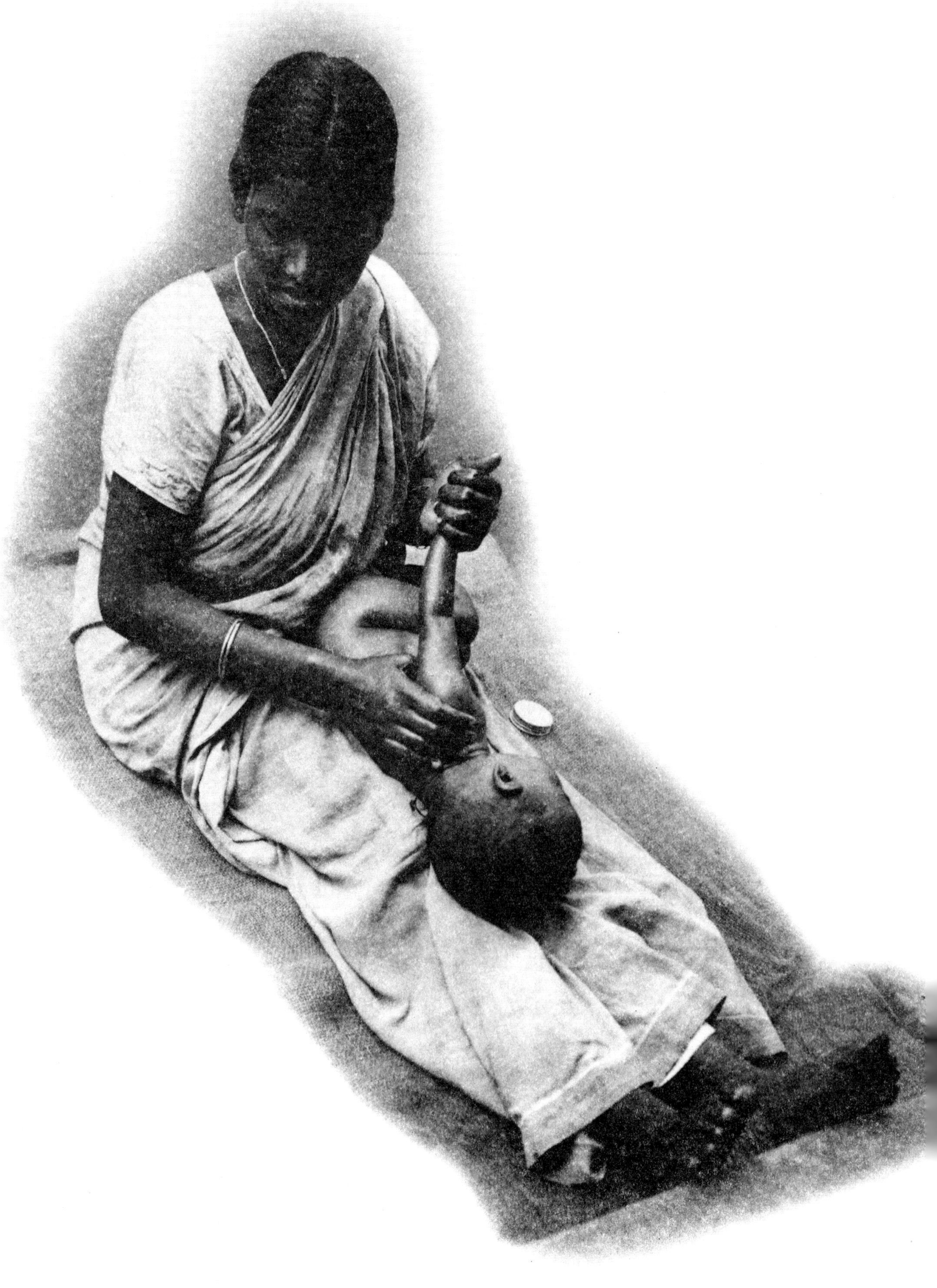

Los brazos

Ahora vuelva al bebé sobre el costado.

Costado derecho, por ejemplo.

Su mano izquierda toma delicadamente la mano del niño para extenderle el bracito.

Con la mano derecha usted se apodera del hombro del niño. Así: sus dedos índice y pulgar (los otros seguirán naturalmente) formarán un pequeño brazalete que usted hará subir, lentamente, por el brazo del niño.

Llegada al final del trayecto, su mano derecha se ha encontrado con su mano izquierda (que retenía la mano del niño).

Como su mano derecha retiene la muñeca del bebé, su mano izquierda se encuentra libre.

Abandona la manita y a su vez va a rodear el hombro, con los dedos formando como un brazalete que sube por el brazo del niño.

Y sus manos se suceden, subiendo siempre desde el hombro hasta el fin de la pequeña extremidad.

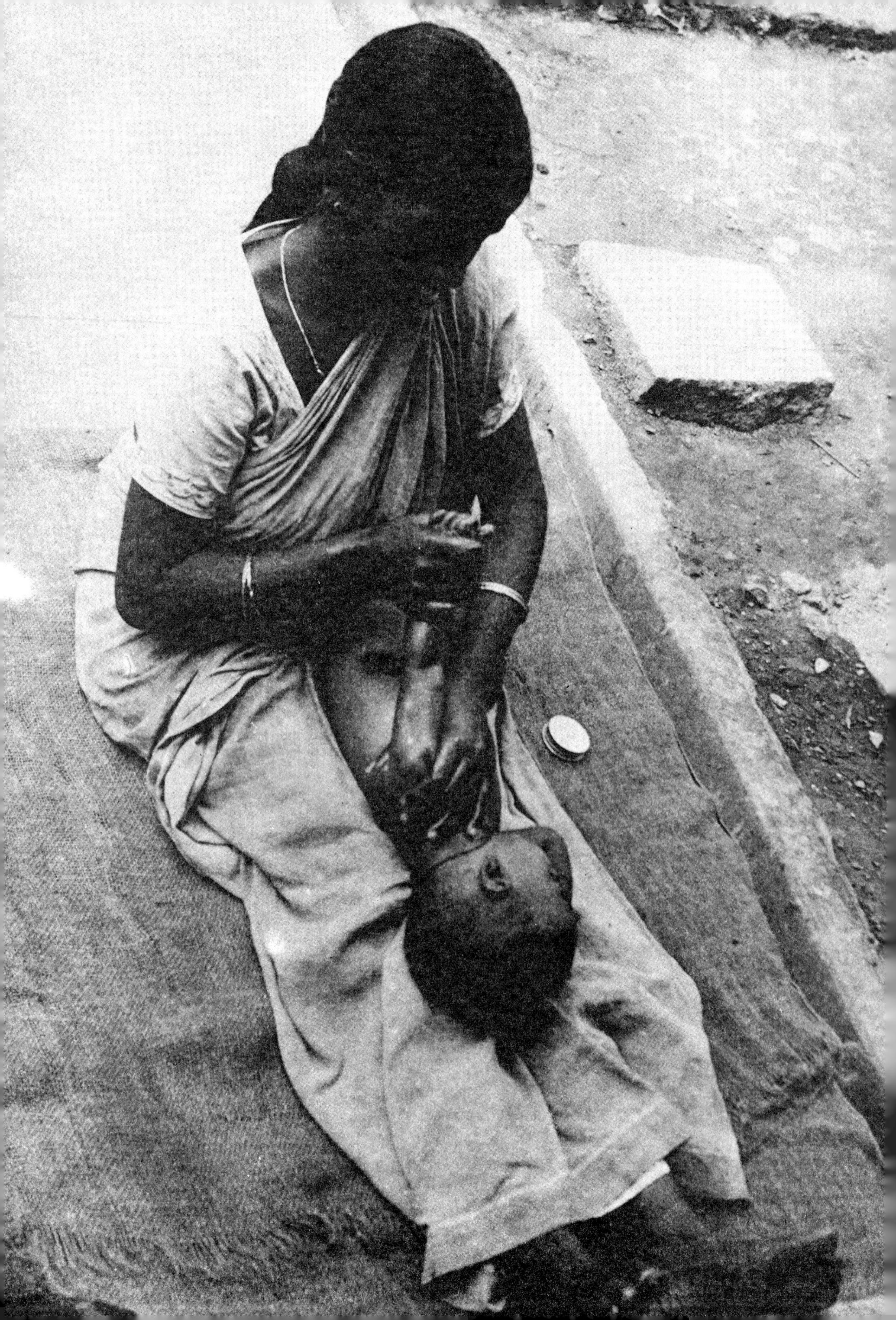

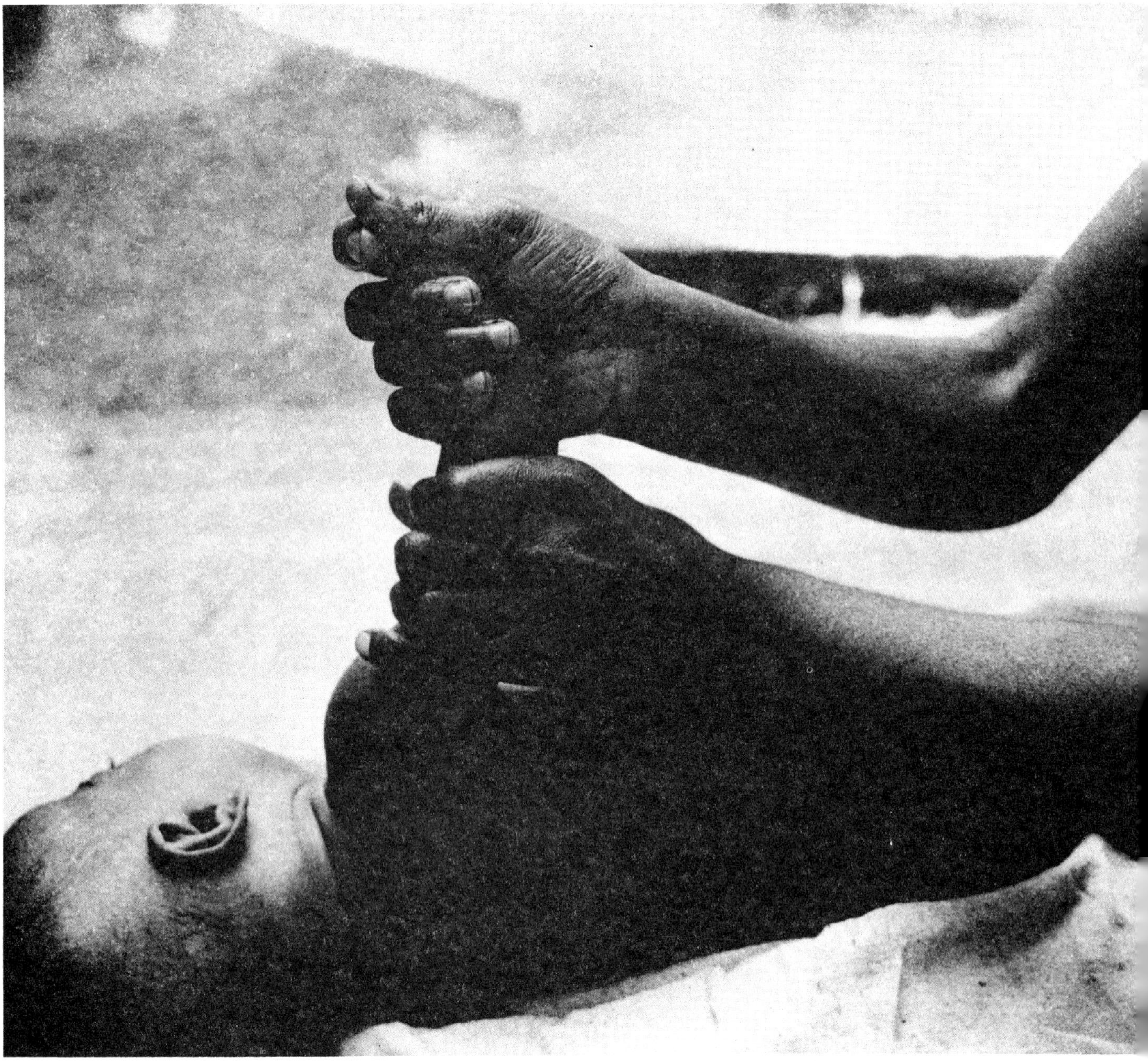

Sus dos manos trabajaban una después de la otra. Ahora van a trabajar juntas, pero en sentido opuesto.

Colocándose una bajo la otra, rodean el hombro, formando nuevamente esos pequeños brazaletes.

Y usted, hará subir esos pequeños brazaletes desde el hombro del bebé hacia la mano.

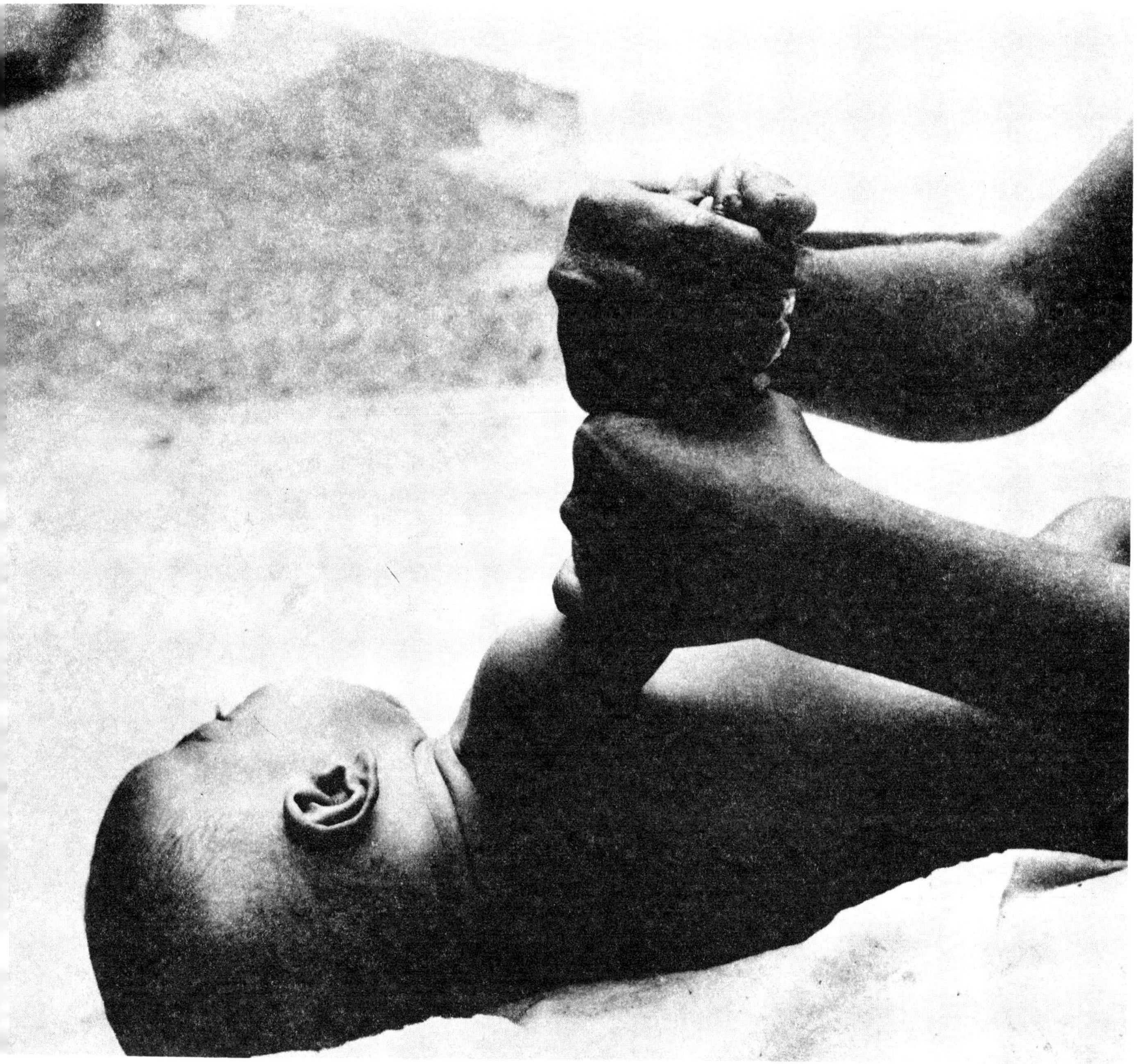

Al hacerlo, sus dos manos ejecutan un cierto movimiento de torsión alrededor del bracito.

Movimiento de torsión de sus dos manos en sentido opuesto. Como si usted exprimiera la extremidad.

Llegadas a la muñeca, sus dos manos vuelven al hombro y recomienzan.

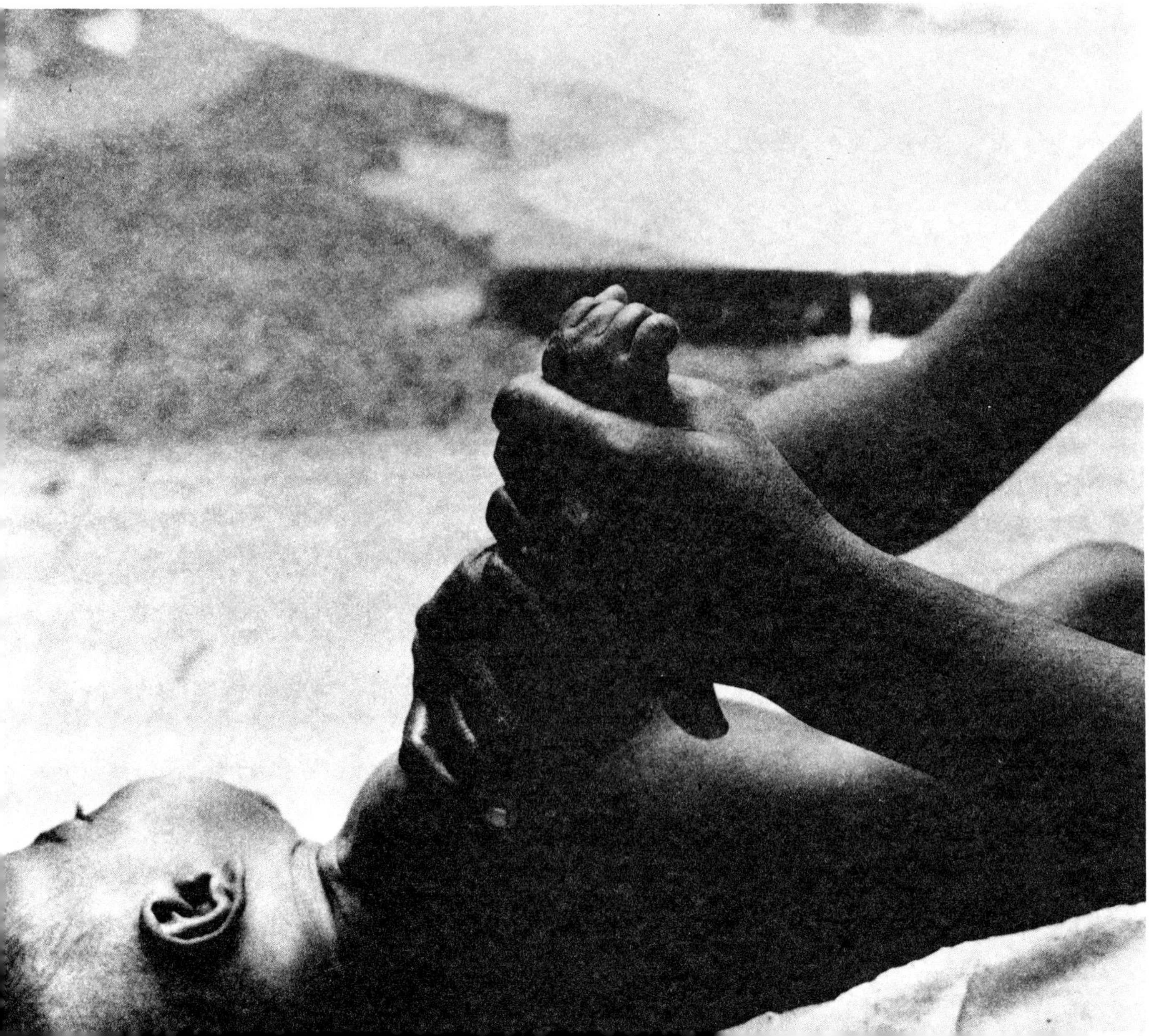

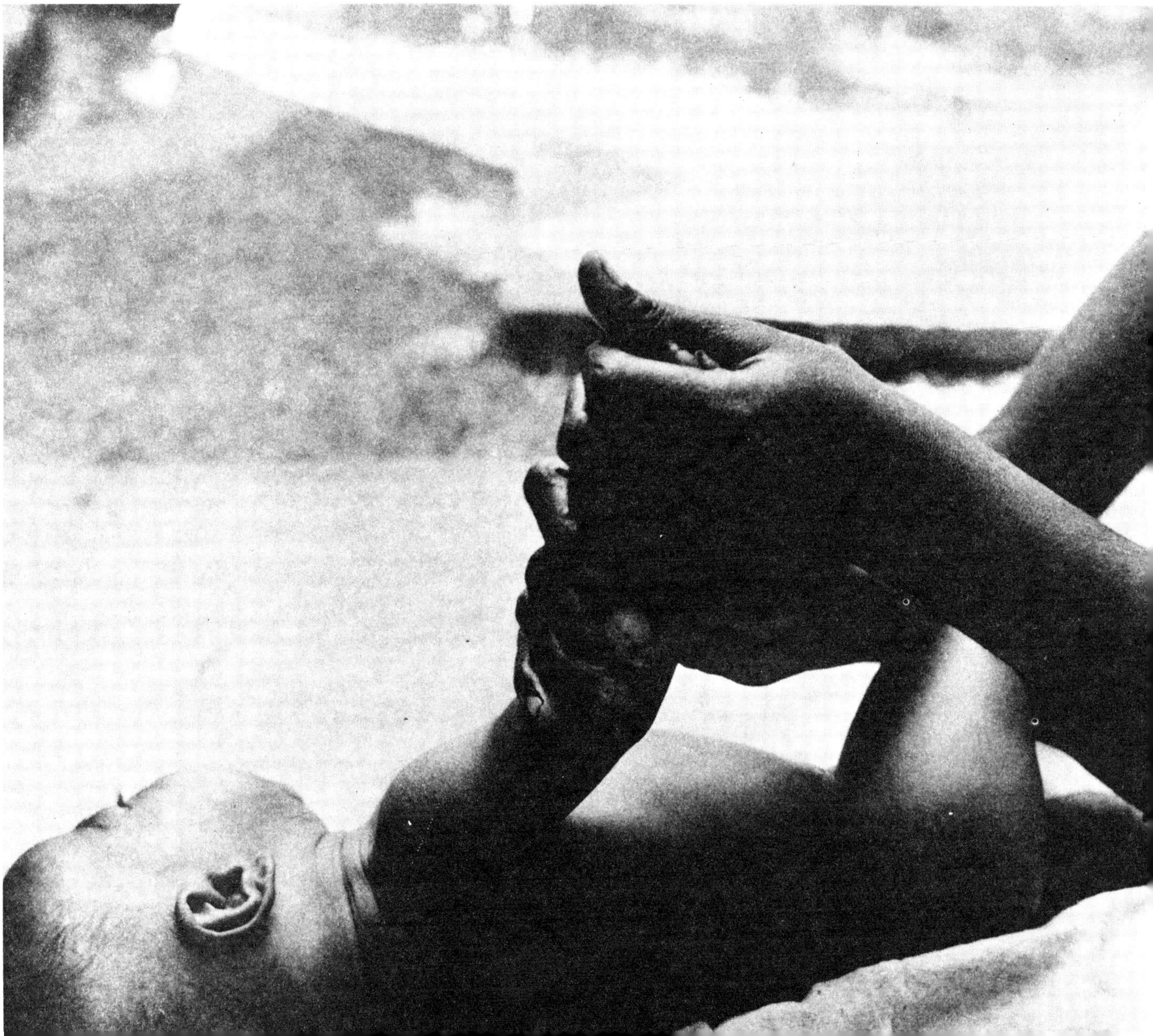

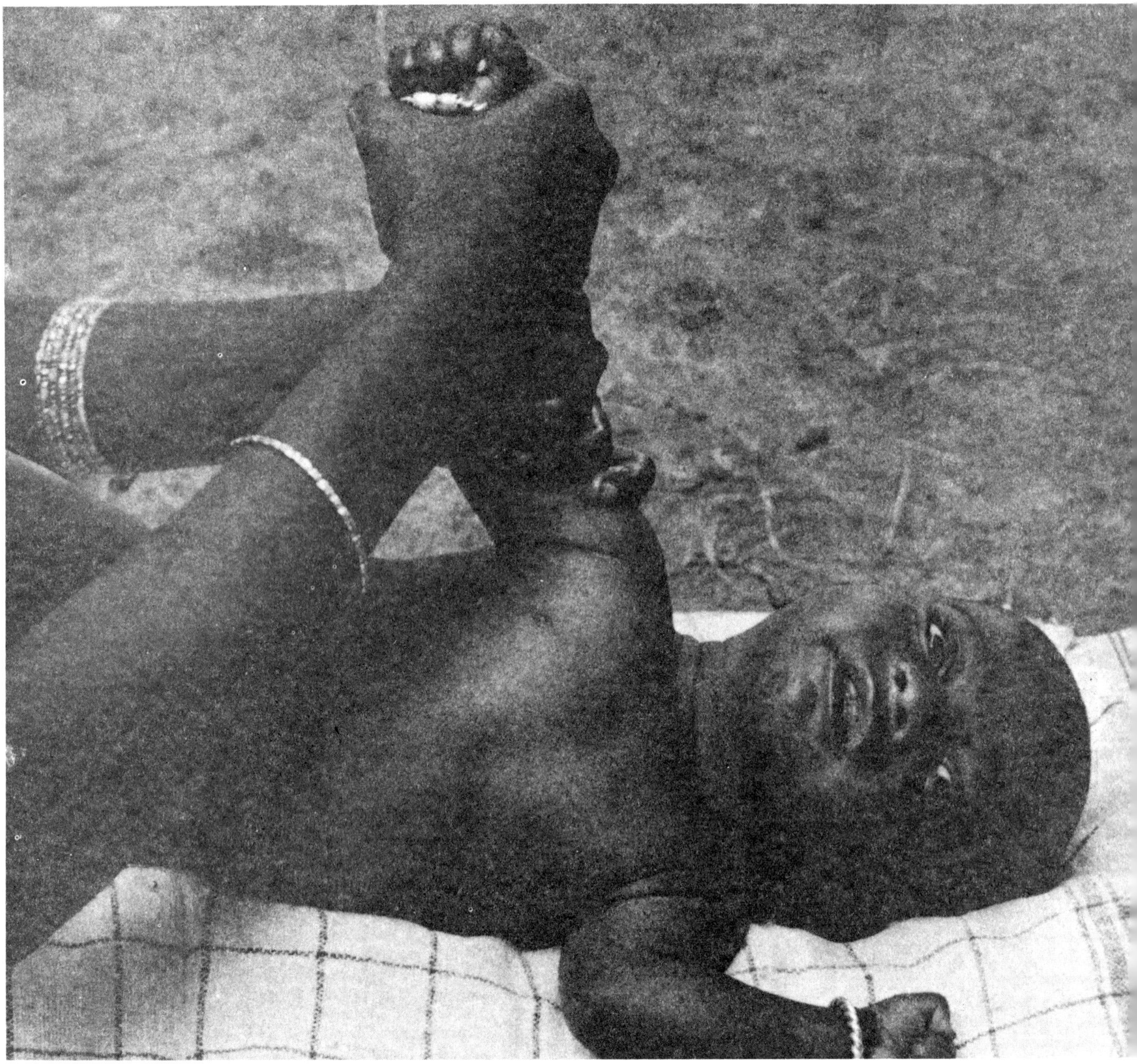

A nivel de la muñeca,
es importante demorarse,
insistir.

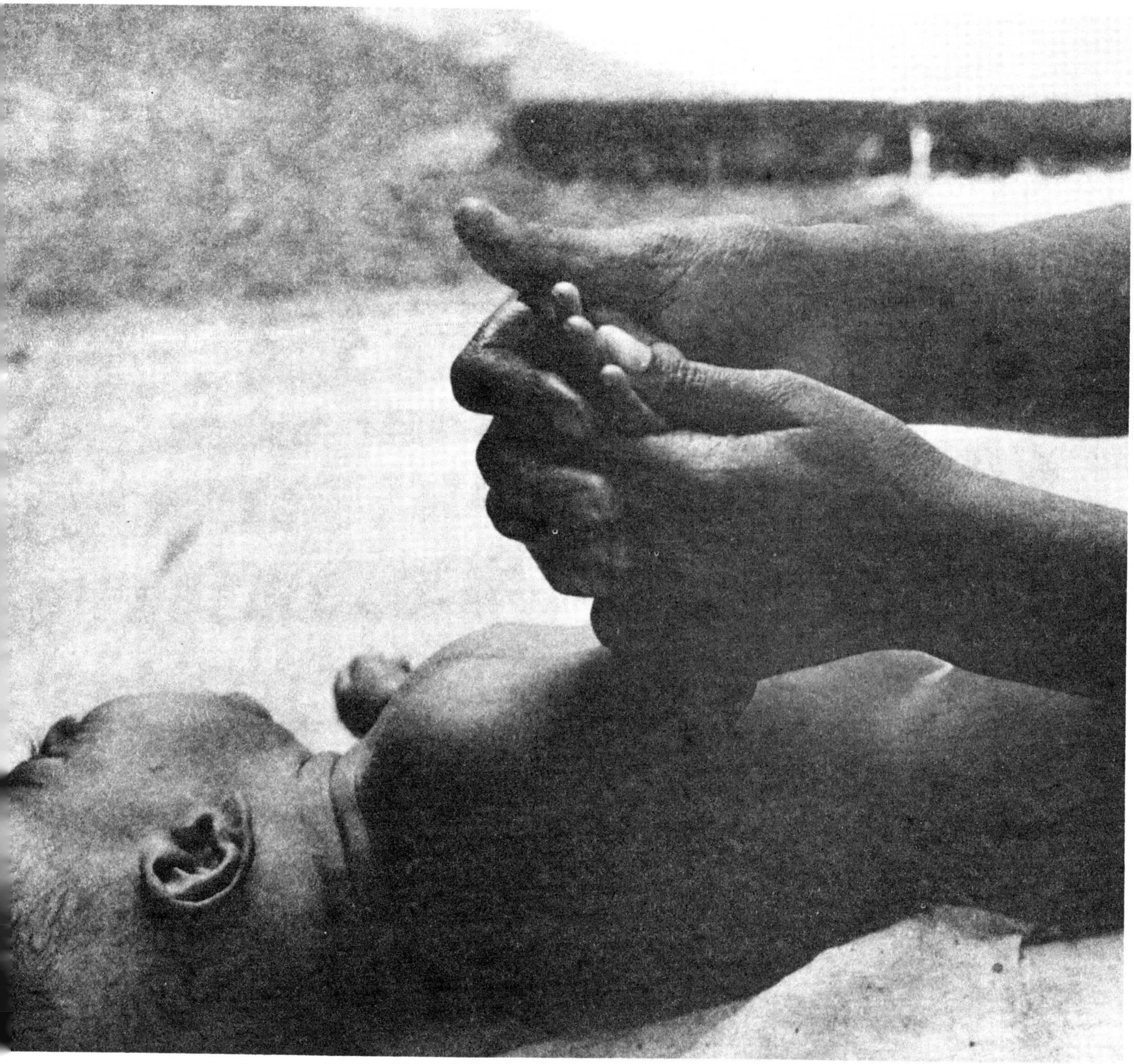

La mano

Ahora usted va a masajear la mano.
Primeramente con sus pulgares. Que masajean la pequeña palma yendo desde la base de la mano hacia los dedos.

Después usted toma los dedos que, simplemente, dobla. Como si hiciese correr la sangre desde la palma hacia las puntas.

El otro brazo

Luego, naturalmente usted
hará lo mismo con el otro brazo,
después de haber vuelto al niño
sobre el otro costado.

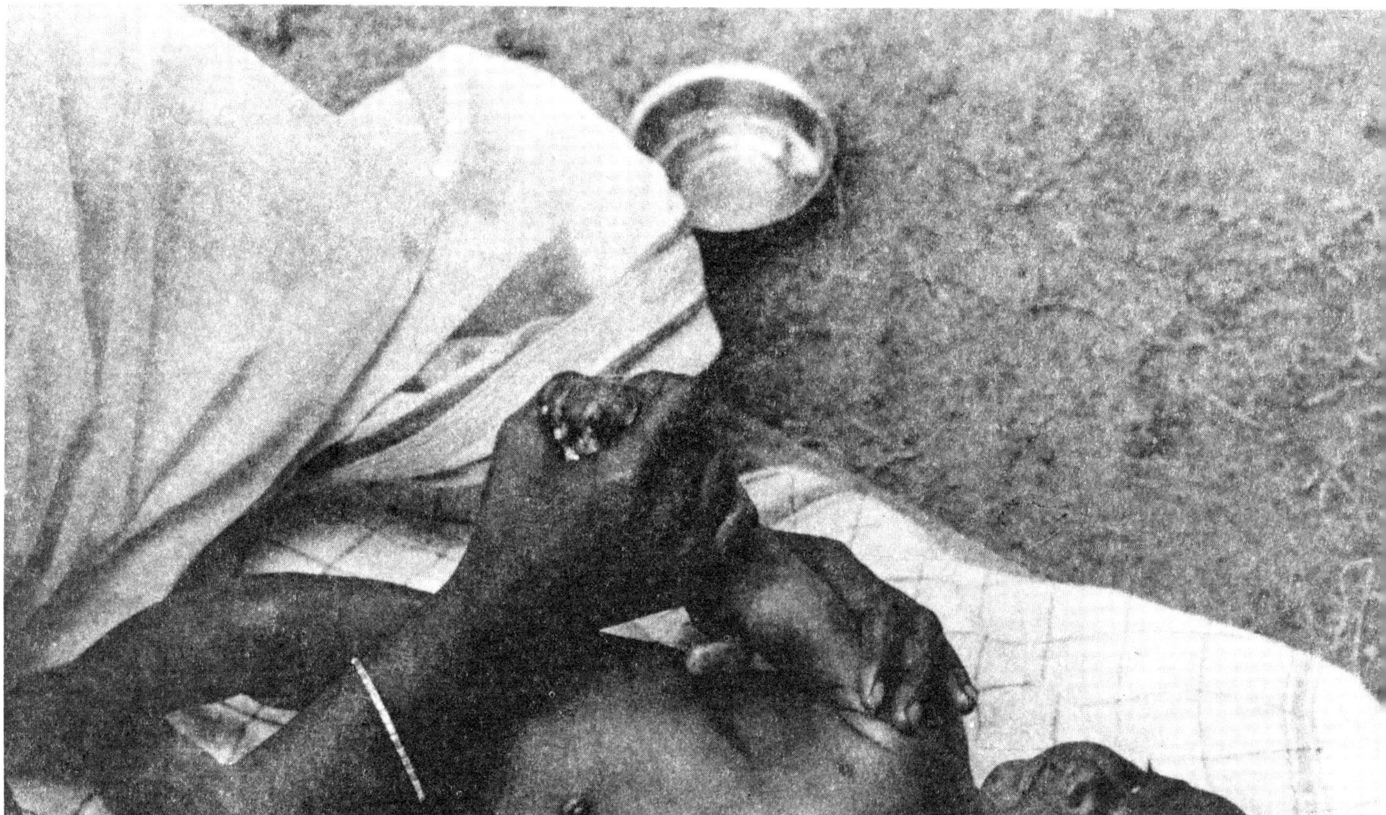

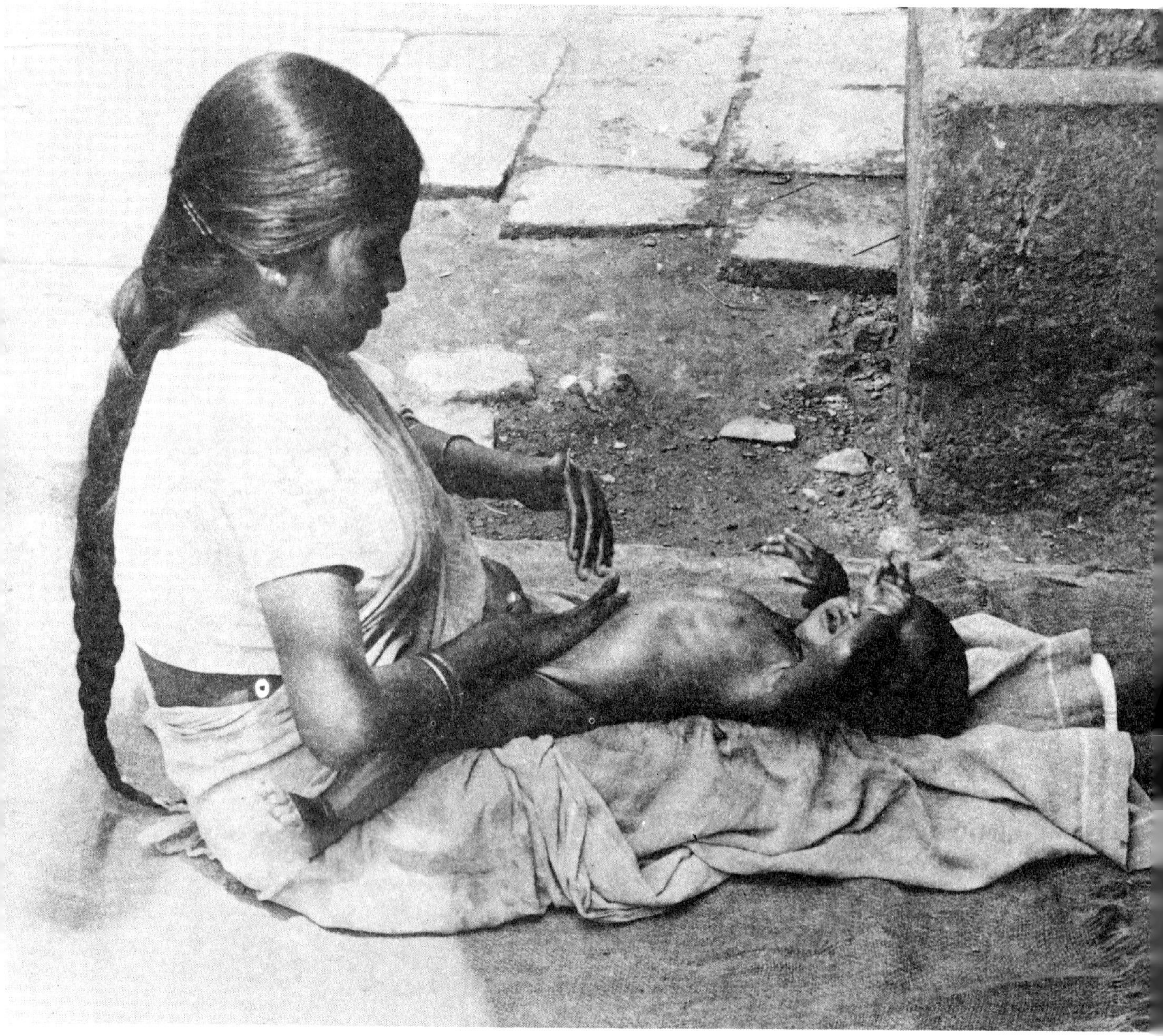

El vientre

Aquí sus manos trabajan una después de la otra.

Partiendo de la base del pecho, allí donde se abren las costillas, descienden hacia la parte baja del vientre.

En suma, usted trae sus manos, una después de otra, hacia usted misma.

Perpendiculares al cuerpo del bebé, sus manos aquí trabajan planas.

Una vez más, se suceden como olas, como si vaciaran el cuerpo del bebé.

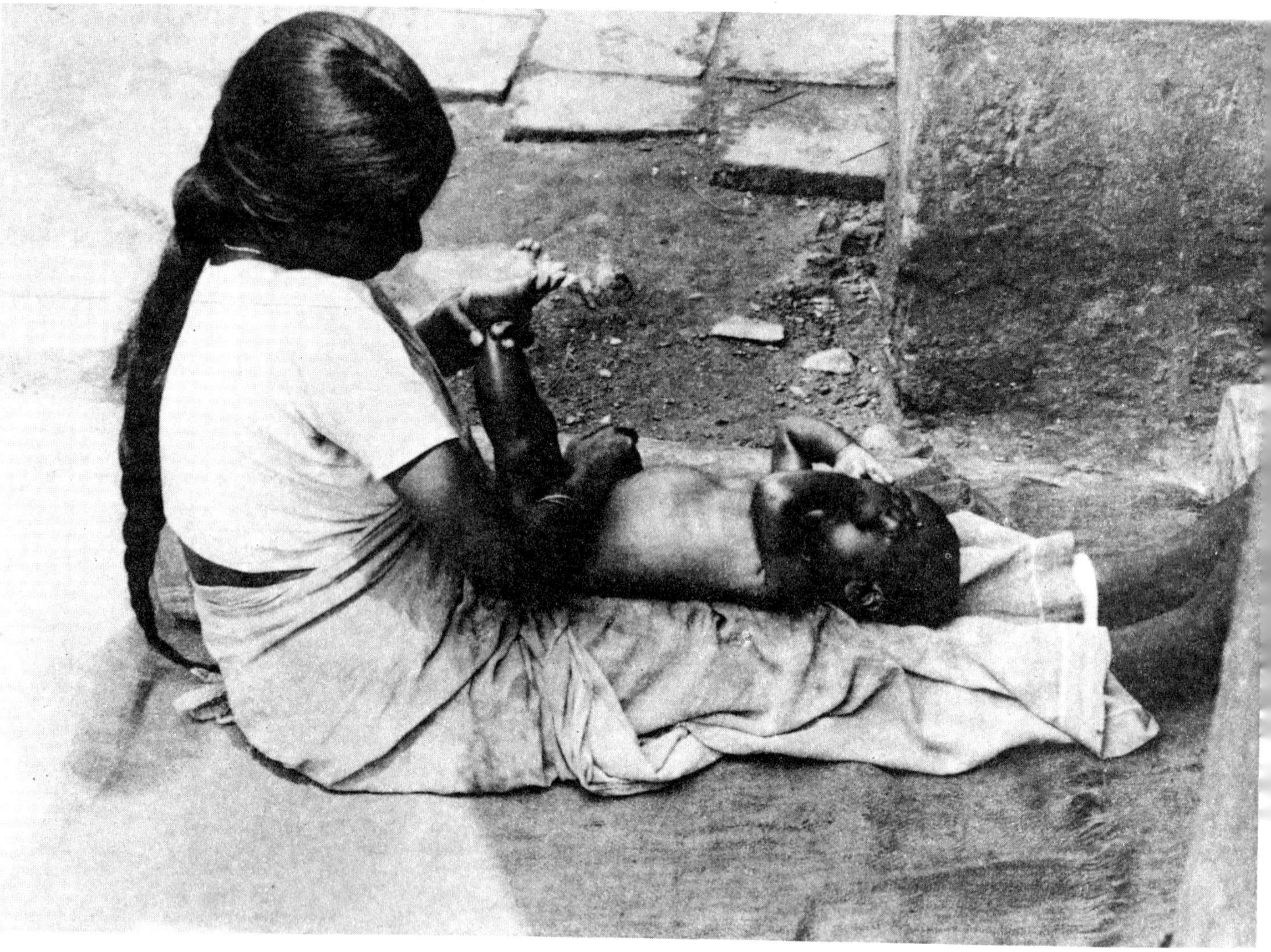

Ahora su mano izquierda toma los pies del bebé y mantiene las piernas alargadas y verticales.

Y es su antebrazo el que, continuando el mismo vaivén, siempre de arriba abajo (esto es, volviendo hacia usted), continúa masajeando el vientre.

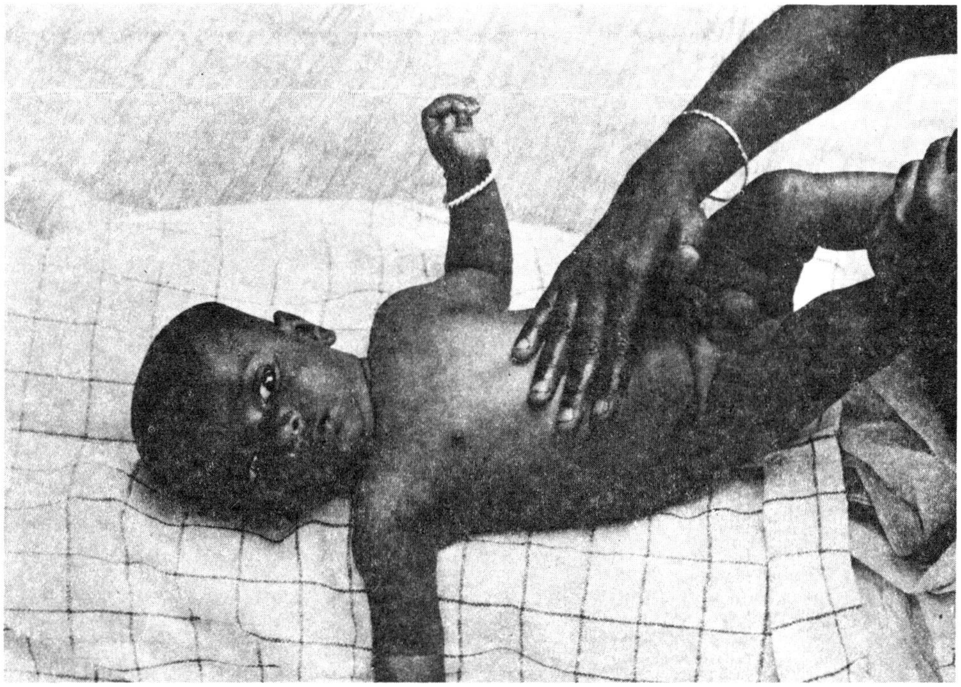

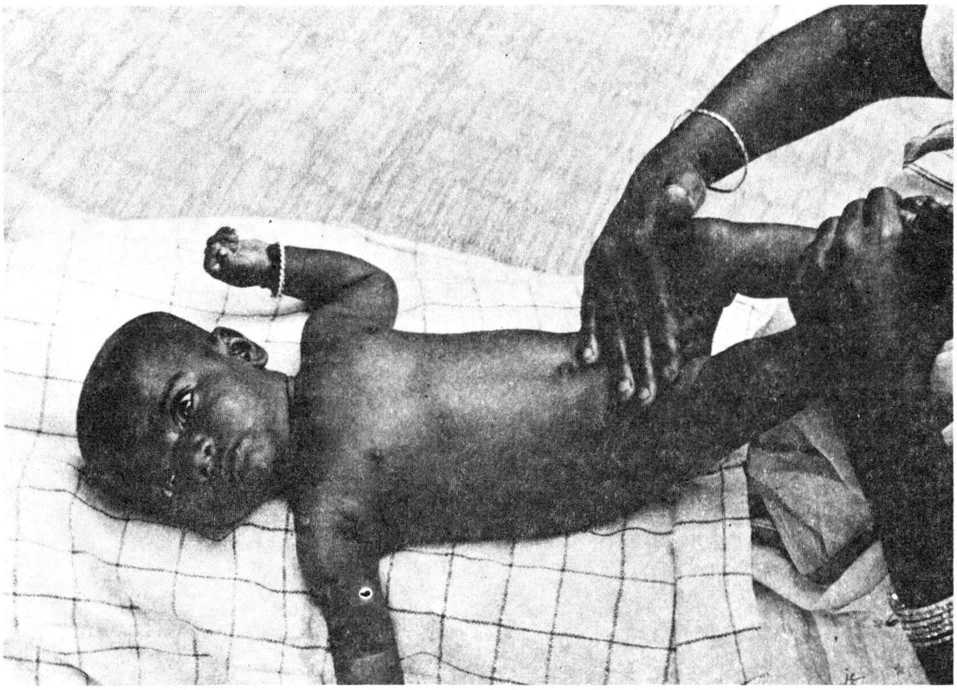

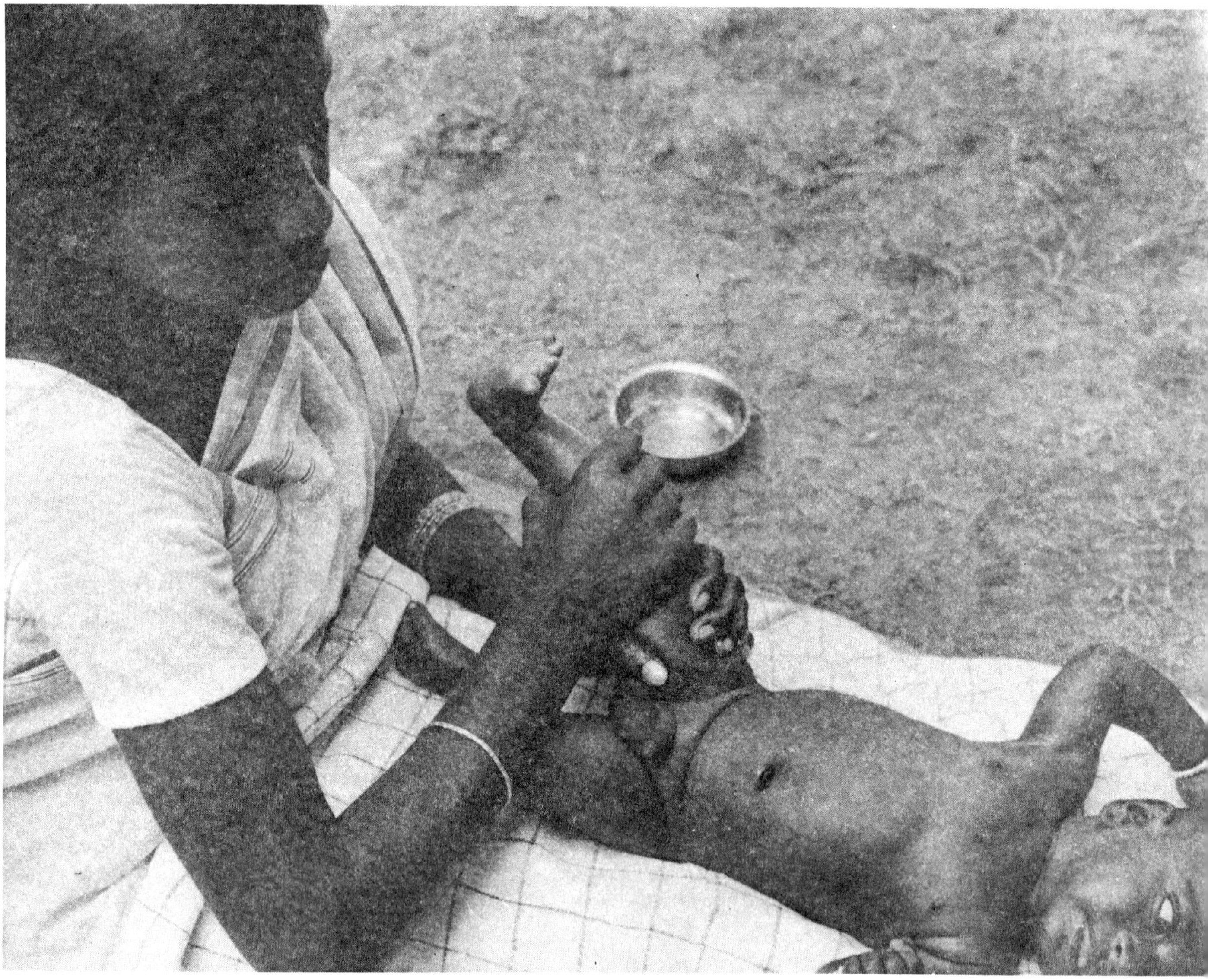

Las piernas

O –más exactamente– los miembros inferiores.

Usted procederá exactamente como lo ha hecho con los brazos.

Es decir que sus manos, formando como pequeños brazaletes, se apoderan del muslo y, la una después de la otra, suben a lo largo del miembro, hacia el pie del bebé.

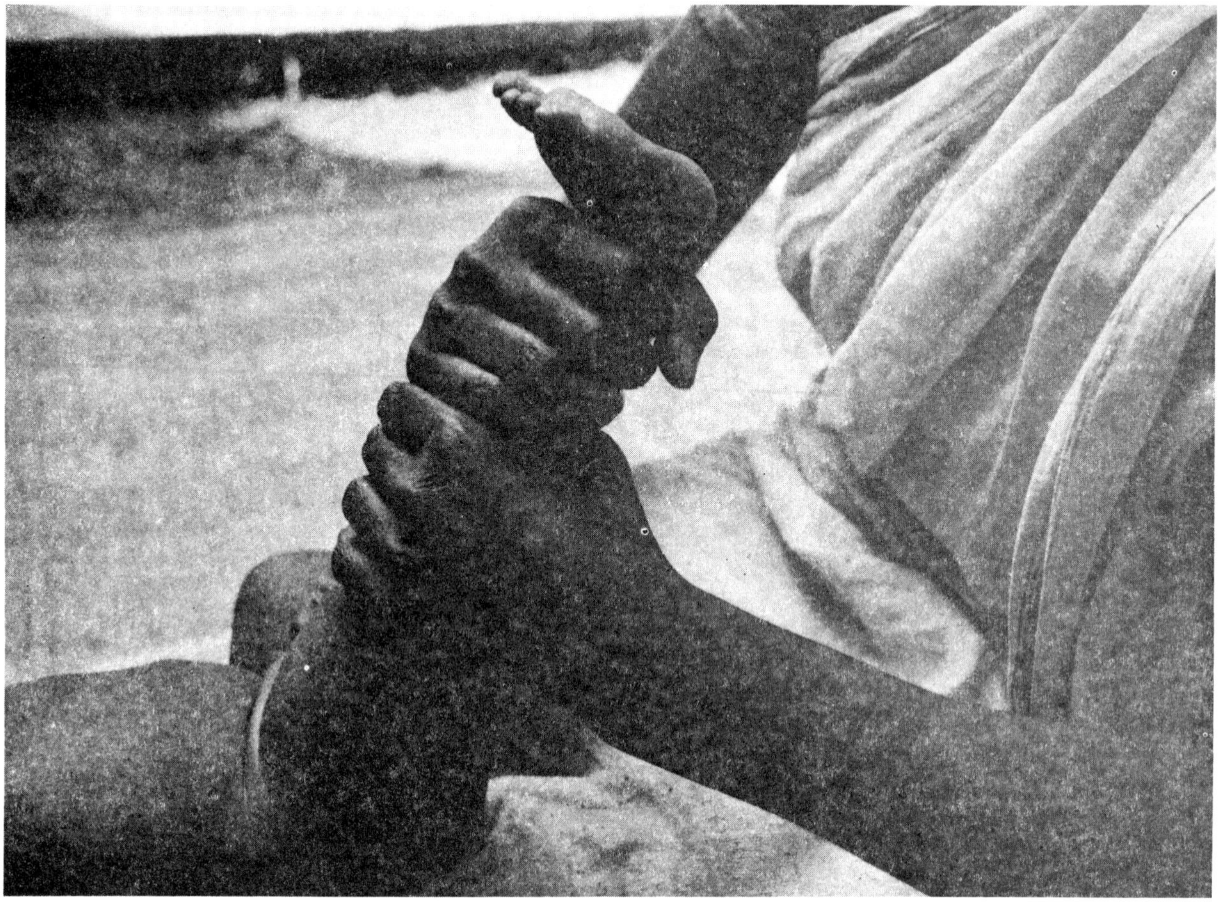

Después, actuando en sentido opuesto, sus manos –siempre rodeando la extremidad del niño– subirán desde la base de la pierna hacia el pie, efectuando el movimiento de torsión, como si exprimieran.

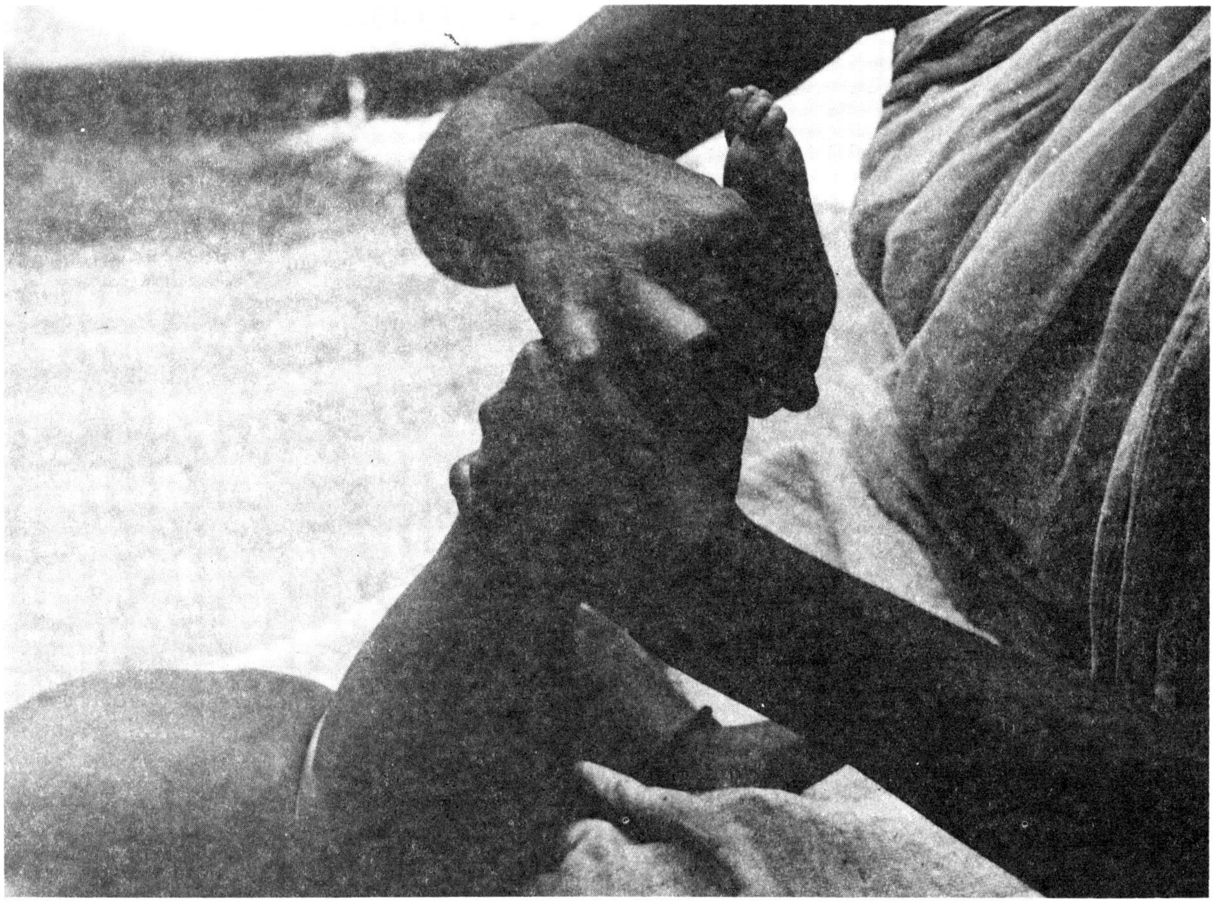

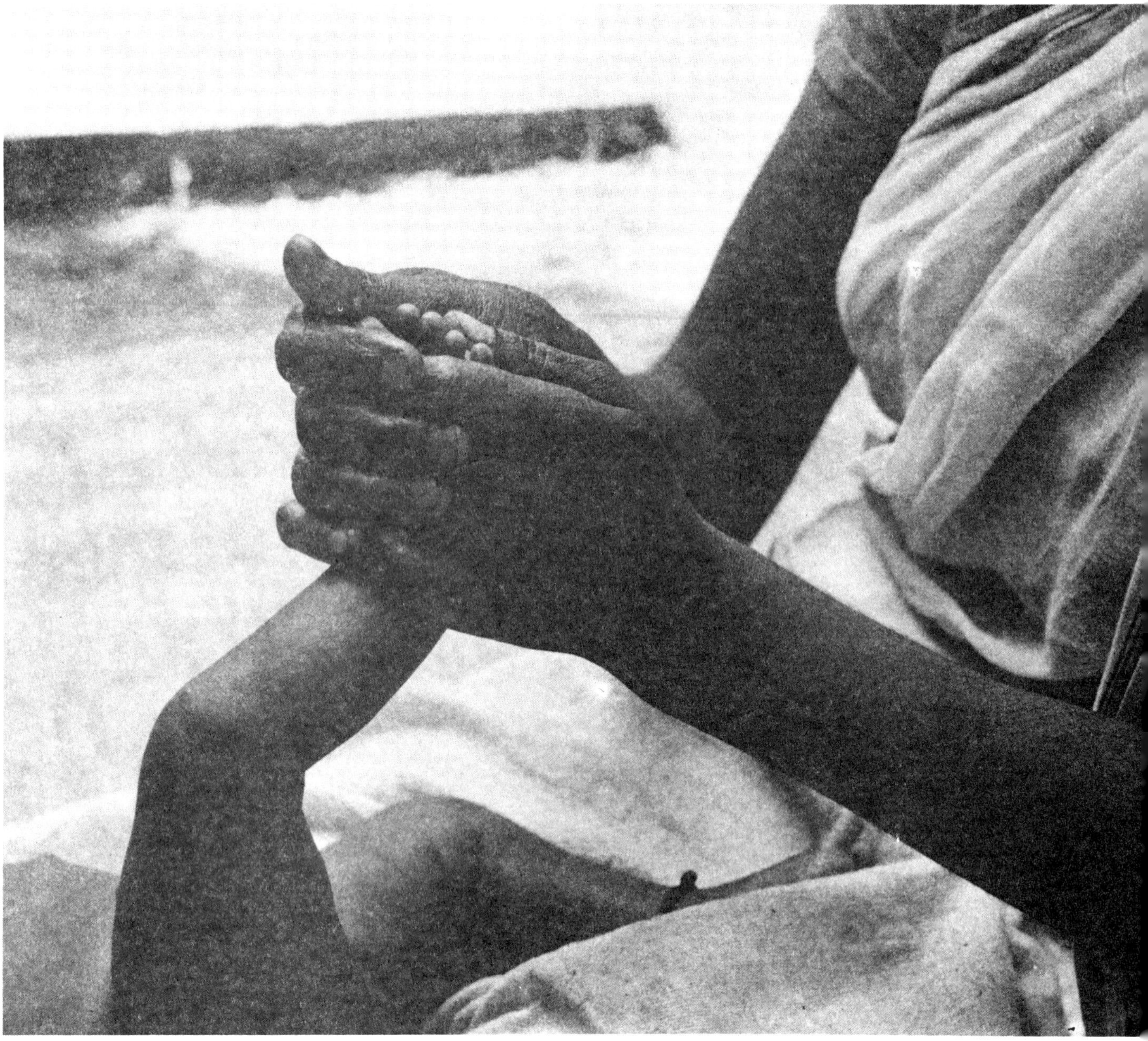

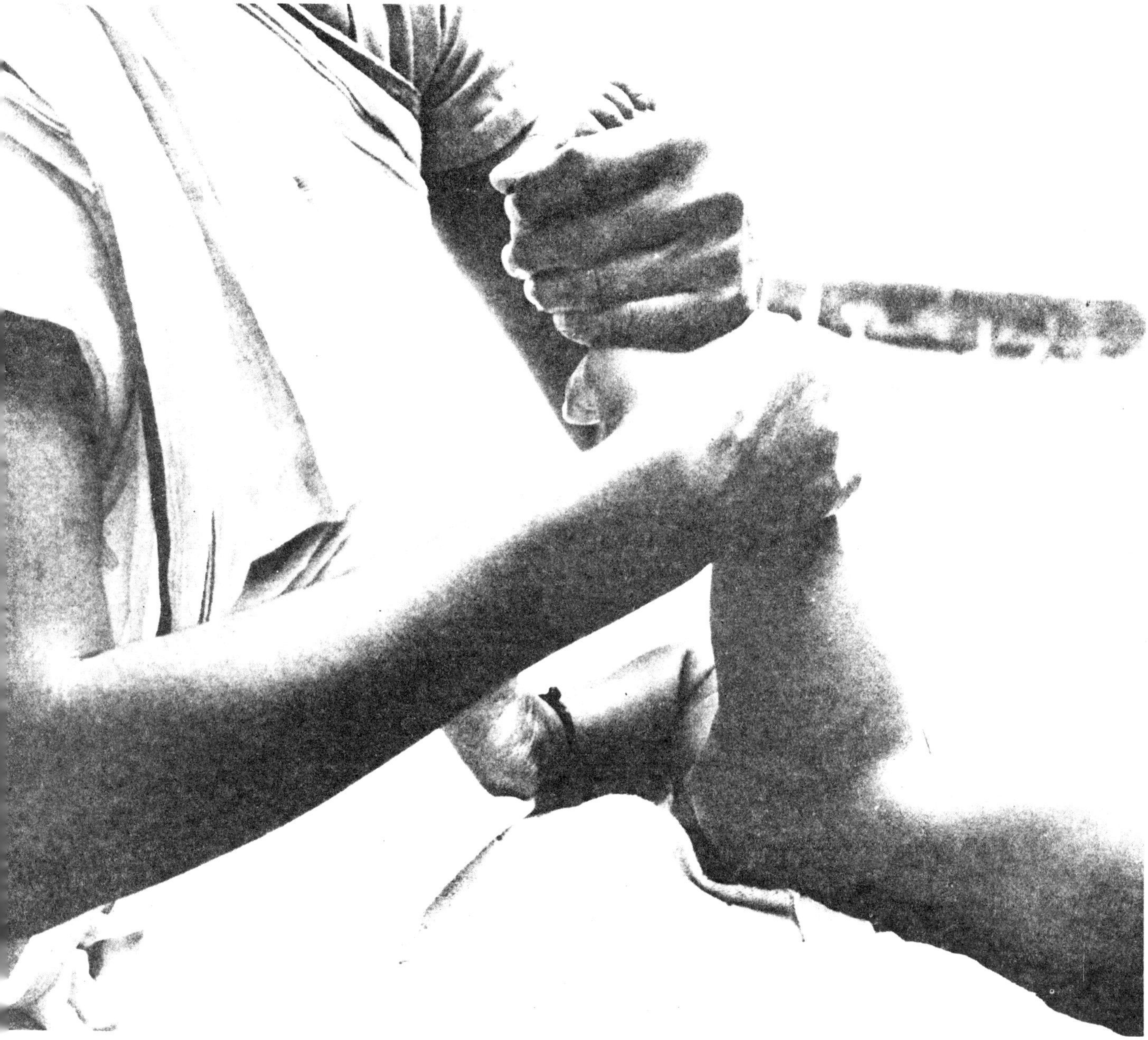

Usted se demora,
usted insiste a nivel
del tobillo...
No olvide que el talón
es una región esencial.

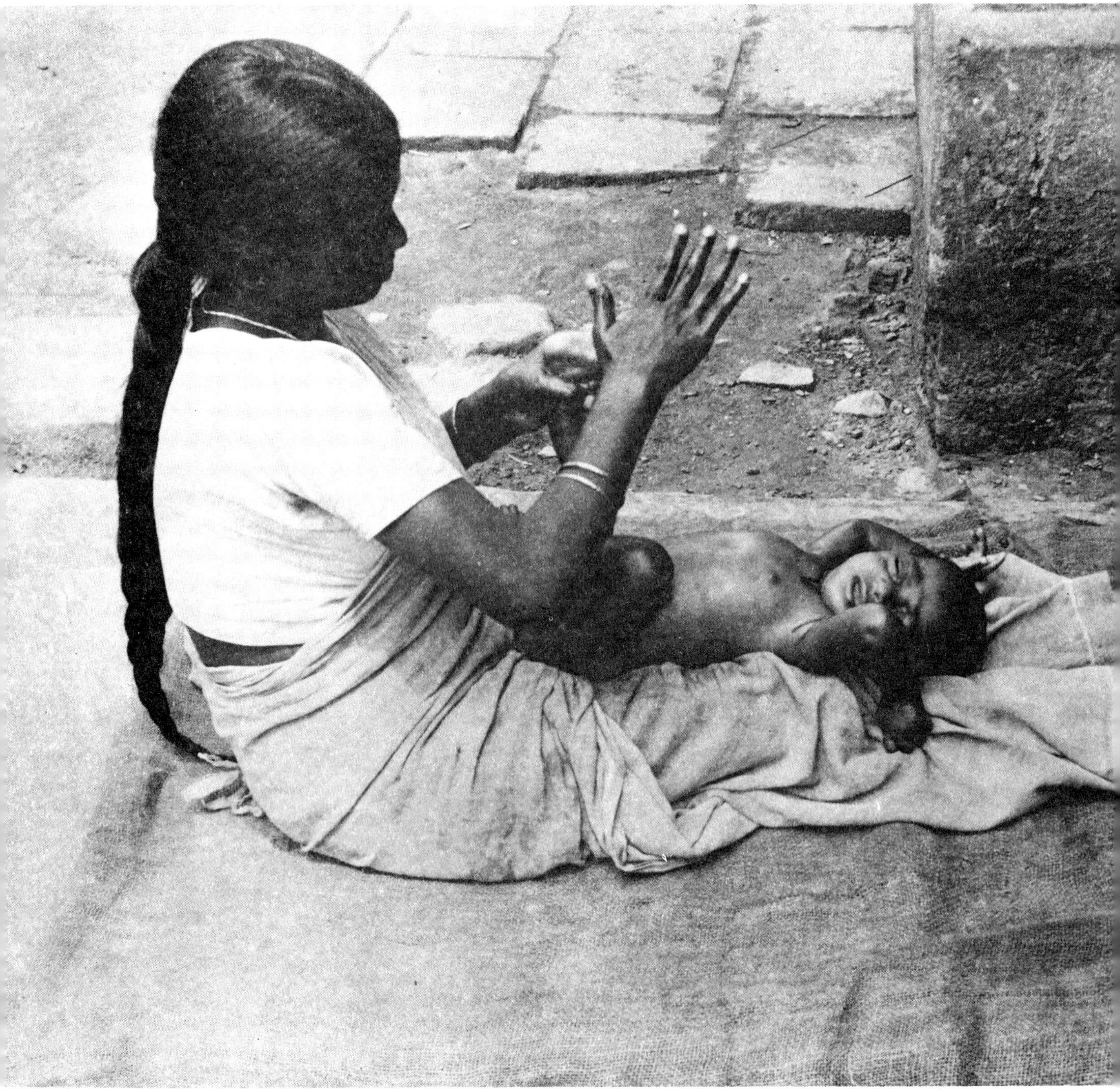

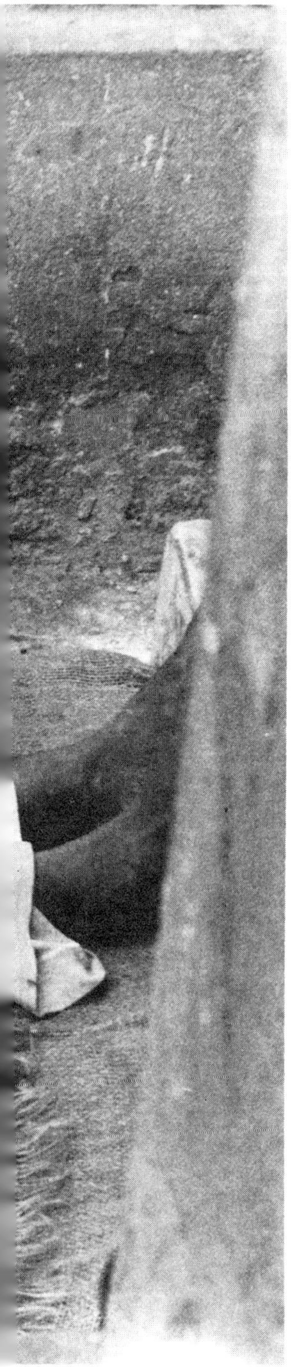

Finalmente masajeará
la planta del pie.
Primero con los pulgares...

Después con toda la palma
de la mano.

Y, naturalmente,
cuando haya terminado
con una de las piernas,
pasa a la otra.

Ahora va a masajear la espalda del niño.

Y éste es un tiempo –si no "el" tiempo– esencial.

También aquí va a demorarse.

Usted toma al niño para darlo vuelta. Lo coloca boca abajo, sobre el vientre.

Y cambia la dirección del cuerpecito en relación al suyo.

Hasta ese momento estaba paralelo a sus piernas.

Ahora usted lo coloca transversalmente.

La cabeza del niño se encuentra a su izquierda.

Este masaje de la espalda se da en tres tiempos.

Como usted verá.

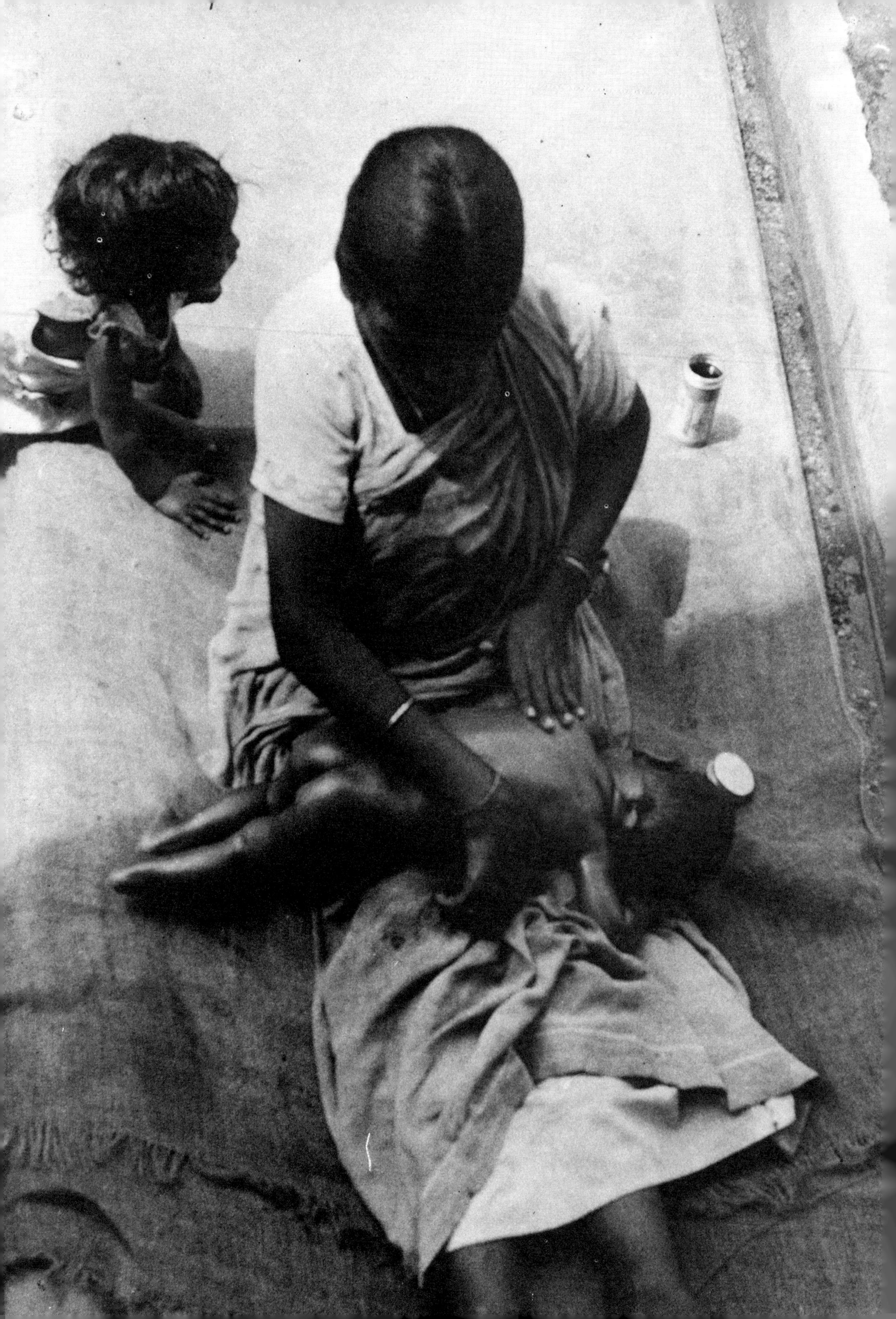

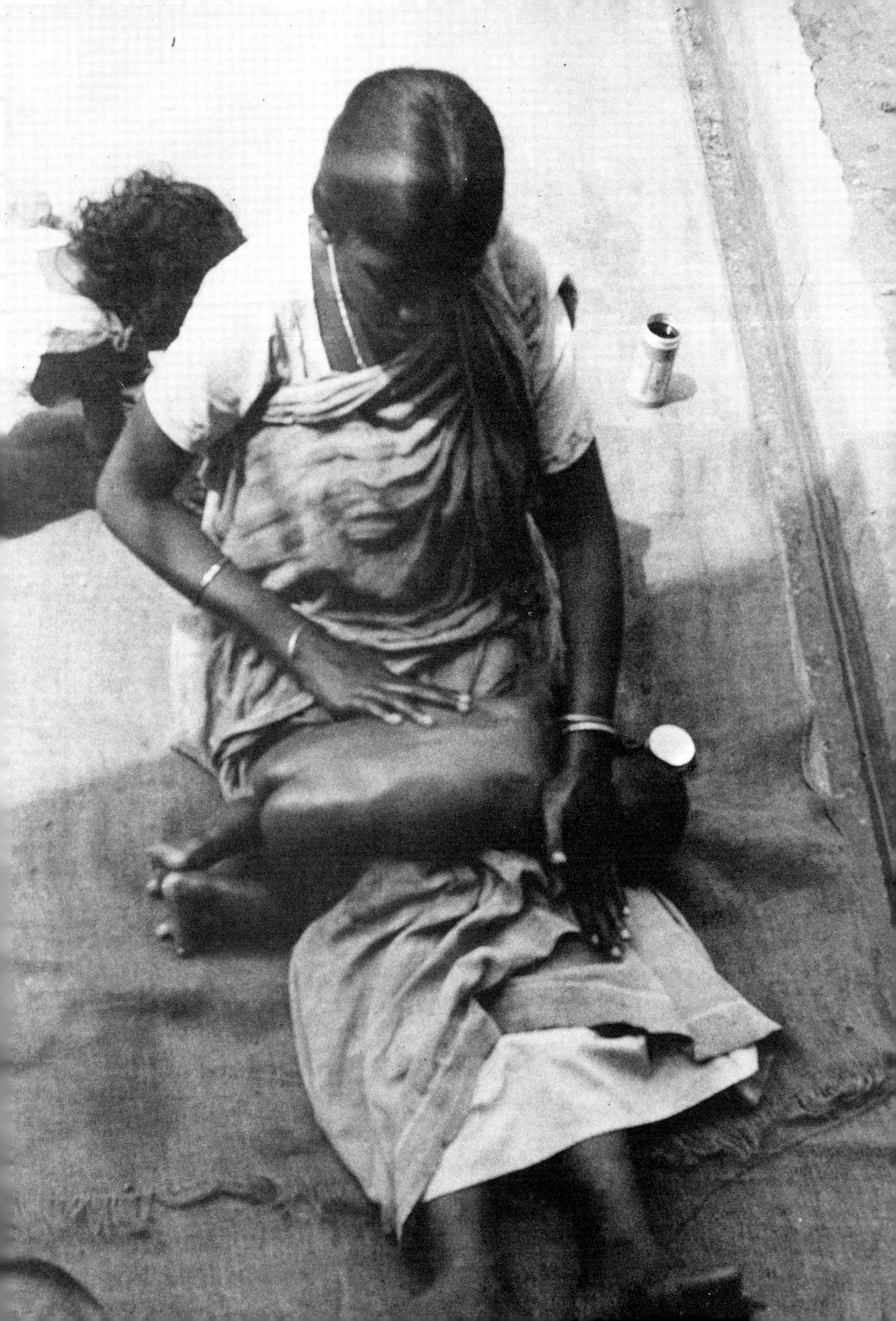

La espalda

Primer tiempo: a través de la espalda

Usted simplemente coloca las manos sobre la espalda del niño, a la altura de los hombros.

Y sus manos se adelantan, una después de otra.

De la misma manera y con el mismo peso que si, con un palo de amasar, usted trabajara una masa.

Simplemente que no hay palo de amasar. Sus manos trabajan planas, sobre todo con la palma.

Y una después de la otra.

Adelante y atrás: así van sus manos.

Pero es sobre todo cuando se adelantan que sus manos trabajan.

Y mientras ejecutan este movimiento de vaivén, se desplazan, con lentitud, tranversalmente.

Usted comenzó a la altura de los hombros del bebé; esto es, a su izquierda. Y poco a poco sus manos se desplazan hacia su derecha. De modo que, habiendo salido de la región de los omóplatos, se encontrará masajeando sucesivamente la base de la espalda, los riñones y después las nalgas.

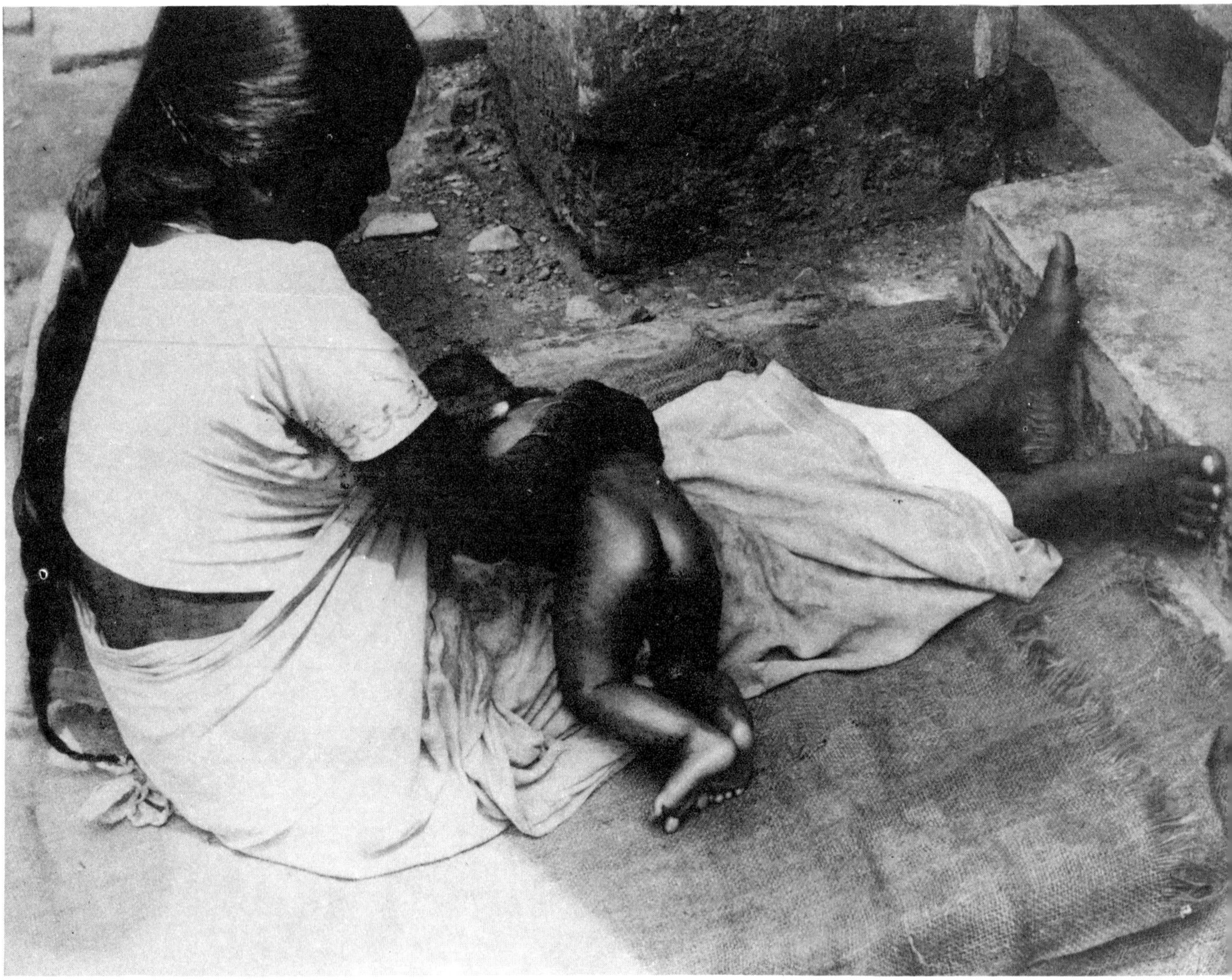

Sus manos se encuentran ahora a su derecha. Llegaron allí imperceptiblemente.

Y de la misma manera, siempre yendo de adelante atrás, suben a lo largo de la espalda del niño. Vuelven a pasar sobre los riñones, sobre la base de la espalda, sobre los omóplatos. Llegan a la altura de los hombros y vuelven a partir.

Y este vaivén continúa, de adelante atrás, hacia su derecha y después hacia su izquierda y después hacia su derecha...

Siempre como olas.

Y una marea que sube y que baja.

Indefinidamente.

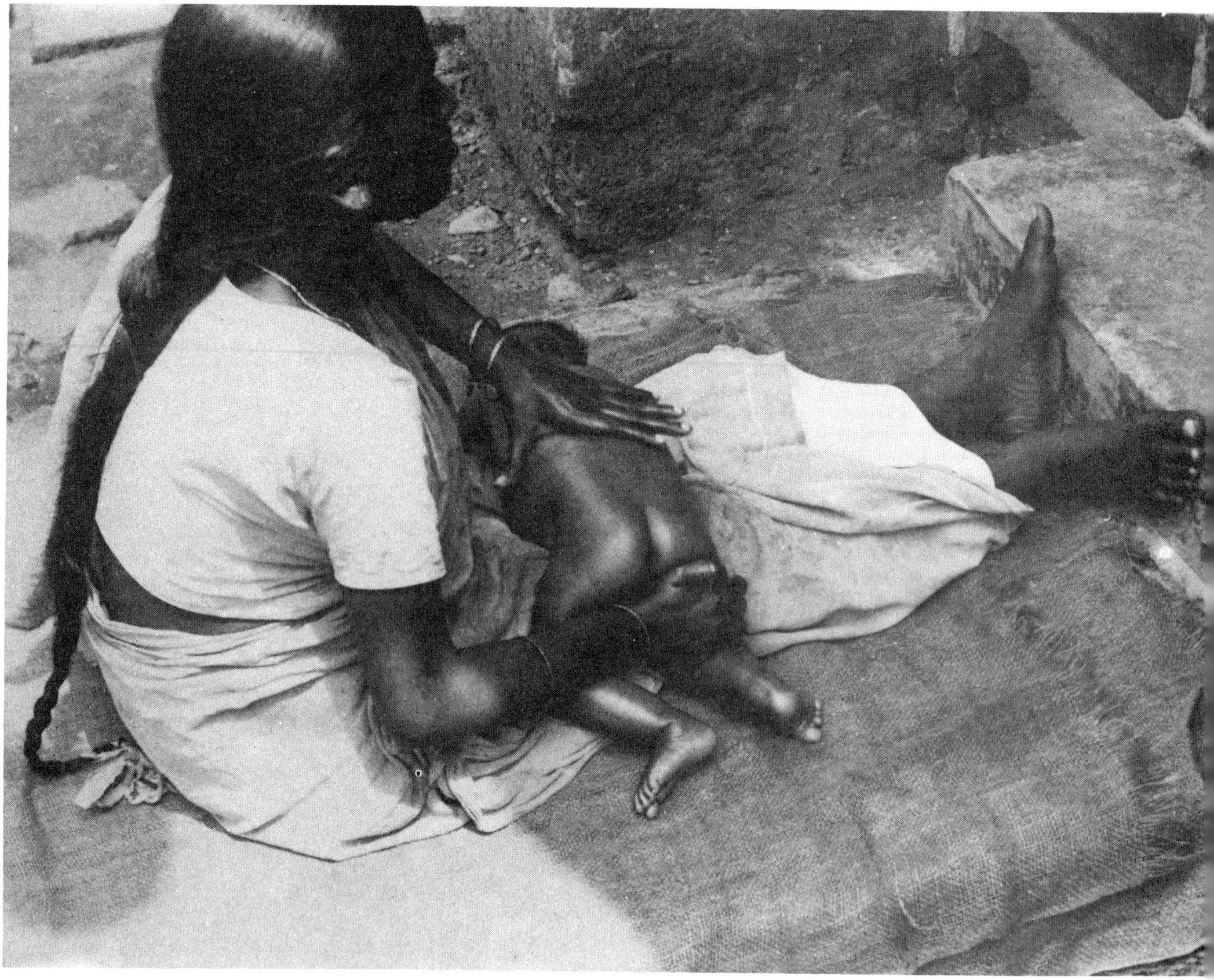

Segundo tiempo:
a lo largo de la espalda

Sus dos manos trabajaron juntas, aunque una después de otra.

Ahora solamente trabajará su mano izquierda.

Esta mano izquierda va simplemente a recorrer, bien plana, la espalda del bebé, descendiendo desde la nuca hasta las nalgas. Entonces abandona el cuerpo del bebé para volver a su punto de partida, lo alto de la espalda. Y volver a descender. Y subir otra vez. Como una ola.

No es una caricia. No se equivoque.

Hay en esa mano una gran fuerza. Y usted la ve, la siente en la mano de Gloria.

Una gran fuerza. Y una extremada lentitud.

Es en esto, en esa lentitud, donde habrá de juzgarse su comprensión, su maestría.

Cuanto más lento y continuo sea su gesto, tanto más profundo, misteriosamente, será el efecto.

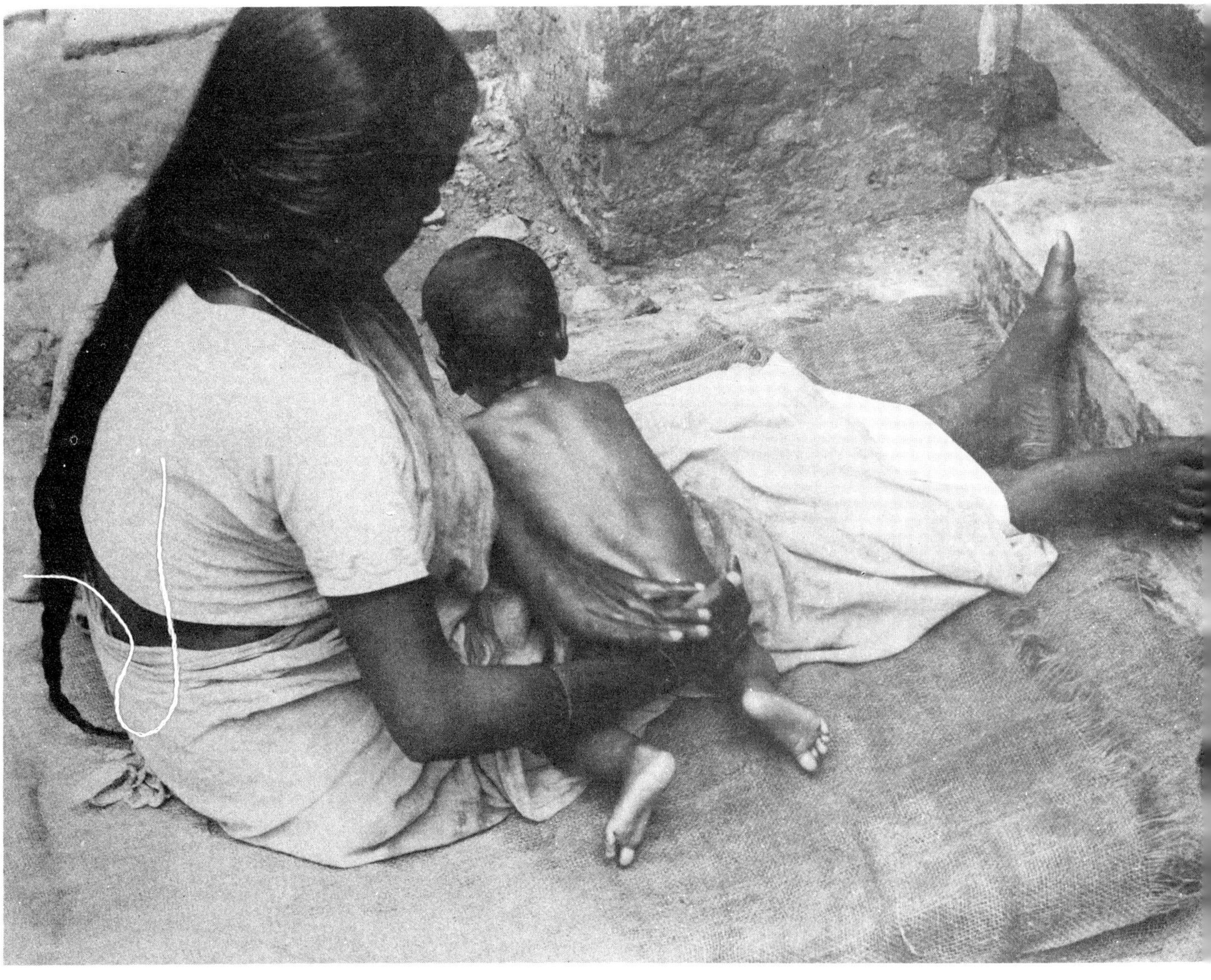

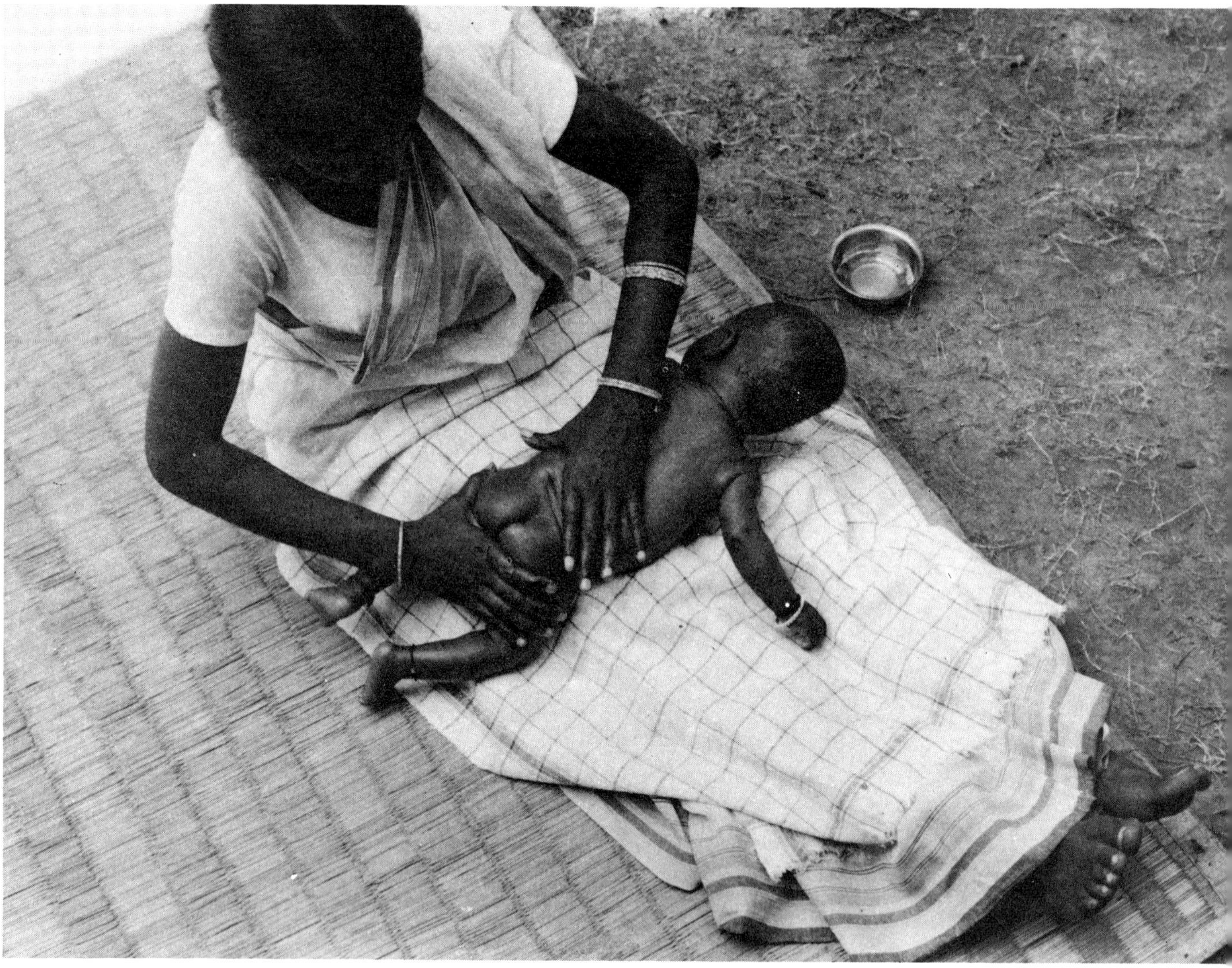

En cuanto a su mano derecha, retiene sólidamente las nalgas del bebé y se opone al empuje de la mano izquierda. Mano derecha y mano izquierda trabajan en perfecta armonía; la una representa el aspecto estático de la energía y la otra, su aspecto dinámico.

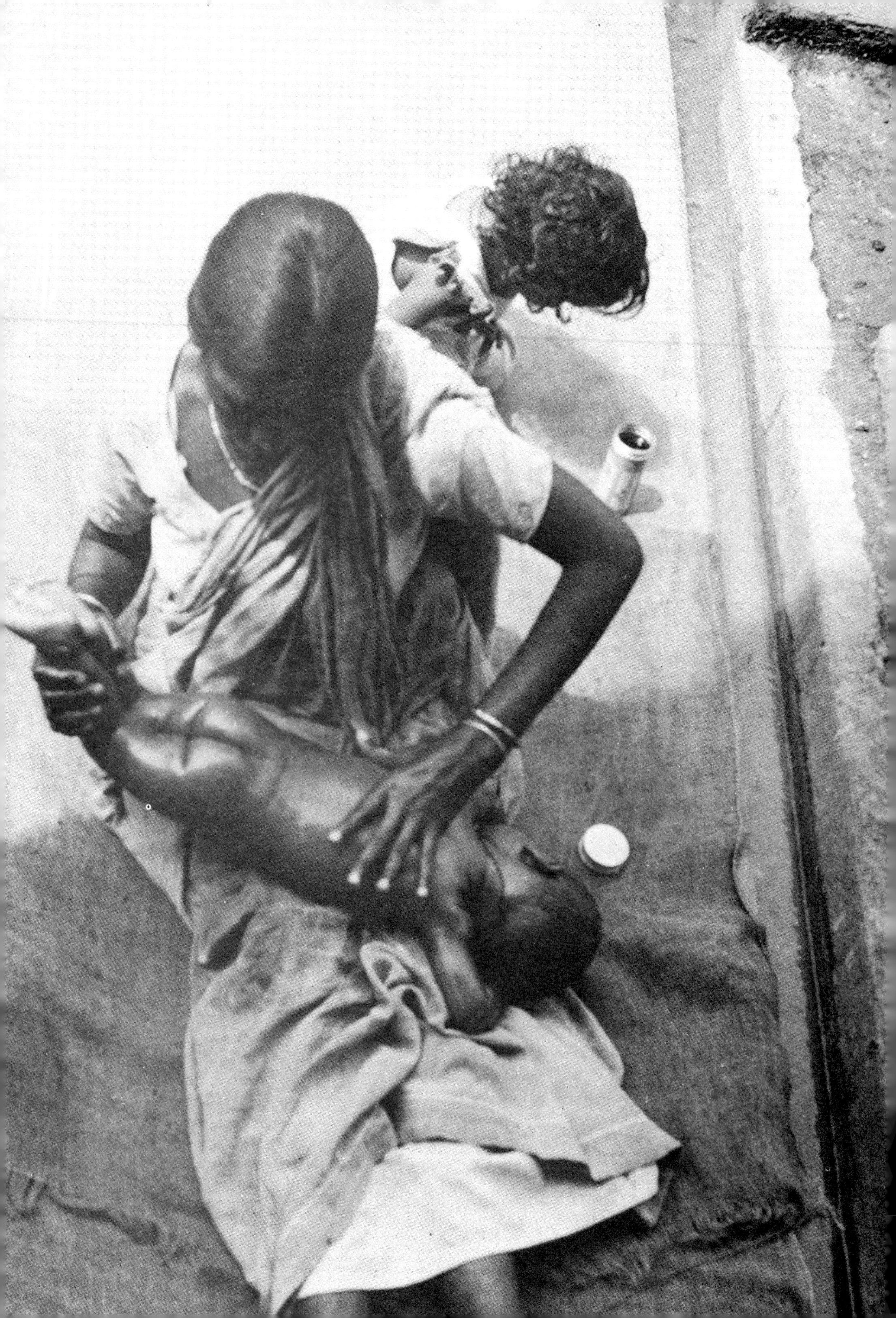

Tercer tiempo: a lo largo de la espalda hasta los pies

Este tiempo se parece mucho al precedente.
Su mano derecha continúa recorriendo la espalda del bebé de arriba abajo,
pero, en lugar de detenerse
a la altura de las nalgas,
continúa su movimiento,
recorre los muslos, las piernas,
desciende hasta los talones.
De allí, sube
y vuelve a bajar
y sube...

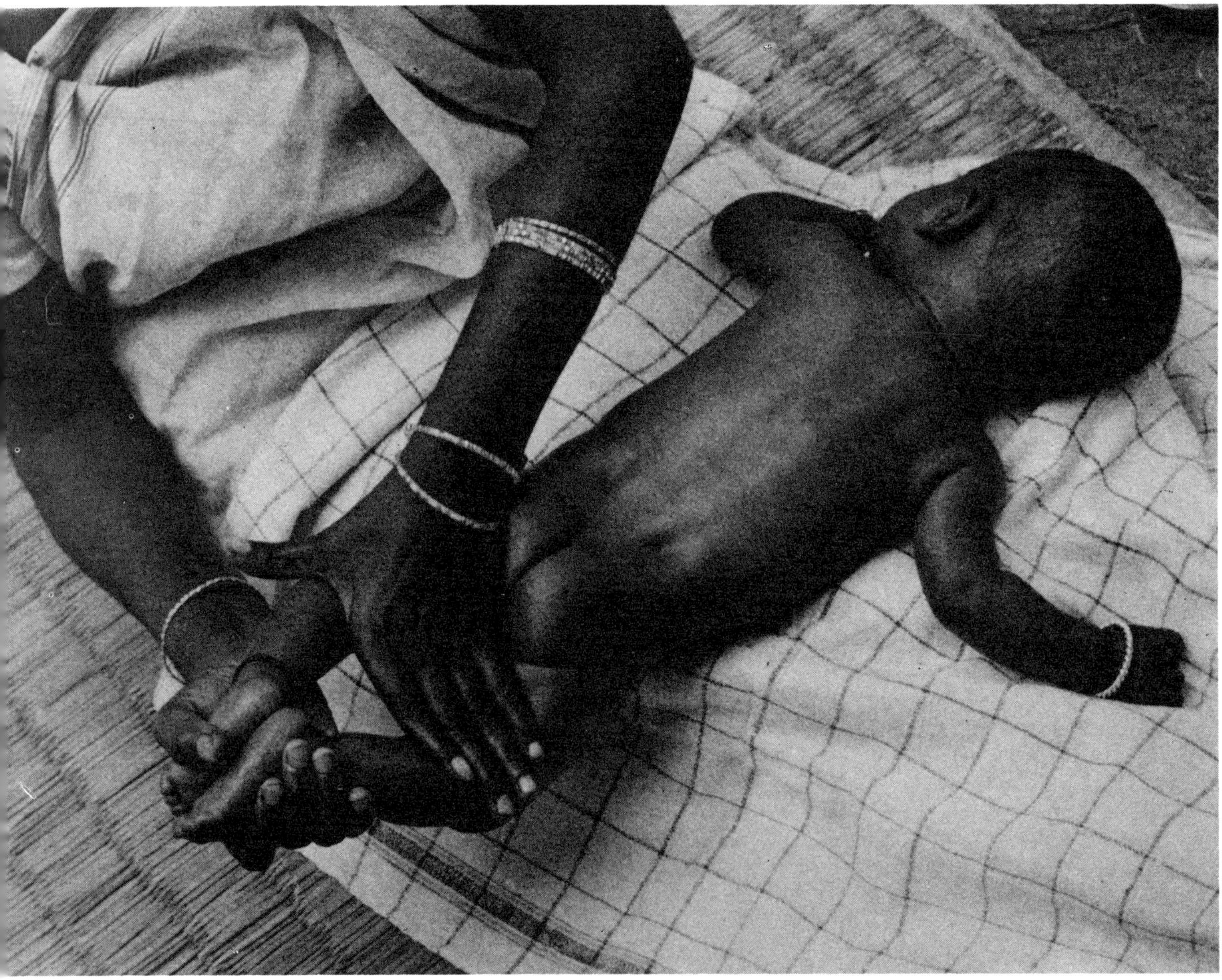

En cuanto a su mano derecha, que inmovilizaba las nalgas del bebé,
ahora sostiene delicadamente los pies del niño y mantiene las piernas alargadas.

El masaje de la espalda, momento esencial, ha terminado.

Nos acercamos al final.

Usted coloca al niño sobre la espalda, paralelo al eje de su propio cuerpo.

Y ahora va a masajear...

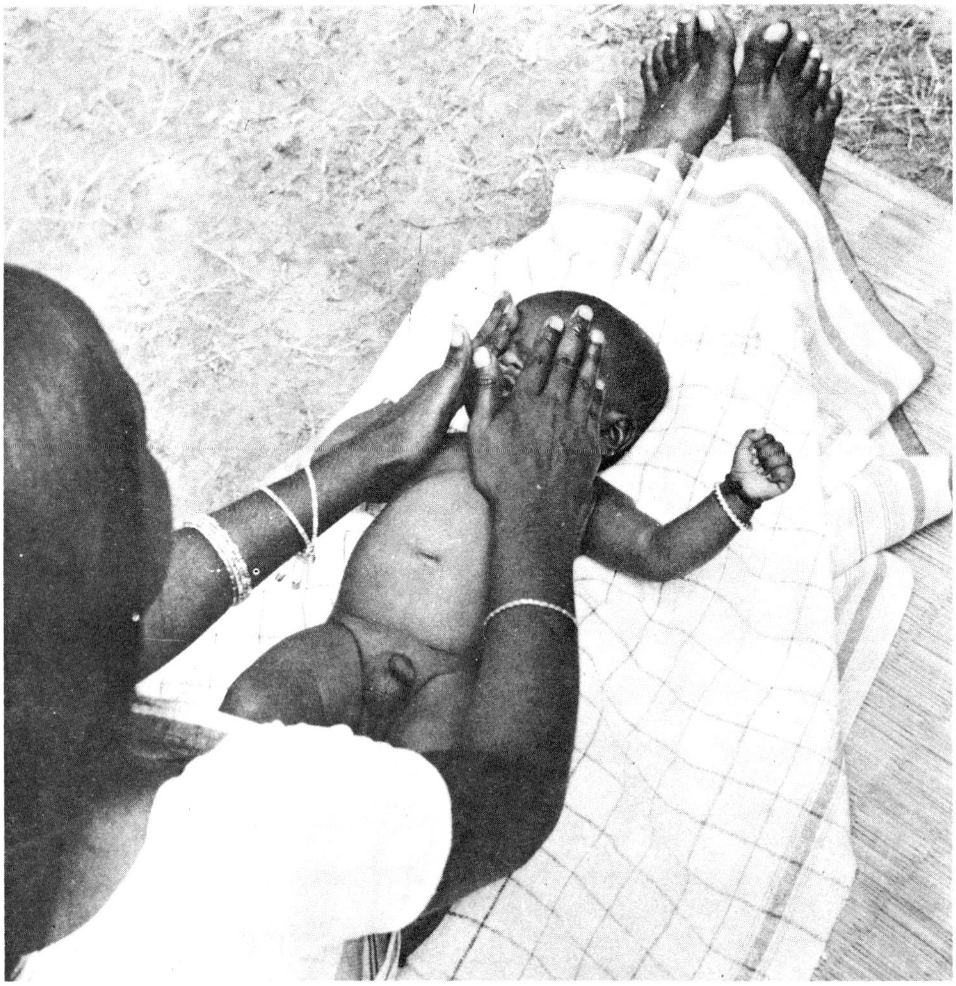

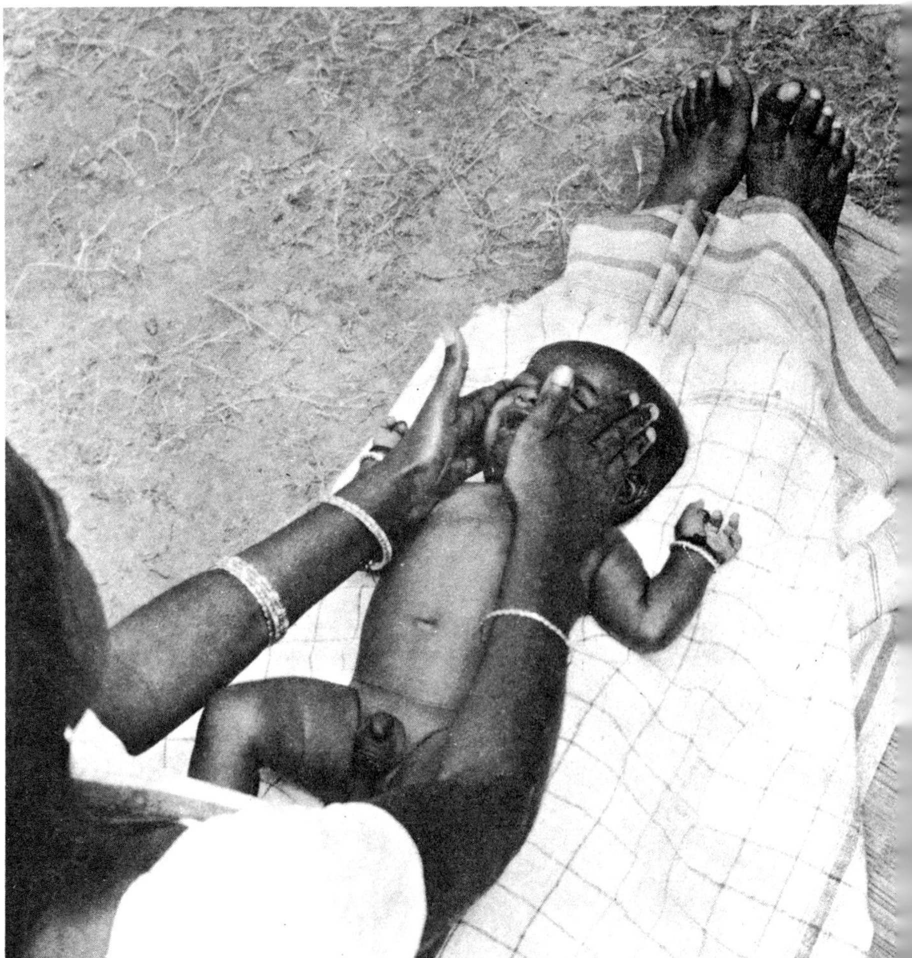

La cara

Usted comienza por masajear la frente.

Las puntas de sus dedos, partiendo del medio de la frente del bebé, se desplazan hacia los costados, bordeando la parte superior de las cejas;

después vuelven al medio y tornan a partir.

A cada viaje, sus dedos van un poco más lejos hacia afuera. Esto es, llegan a las sienes y allí vuelven a descender, contorneando el ojo, a lo largo de las mejillas.

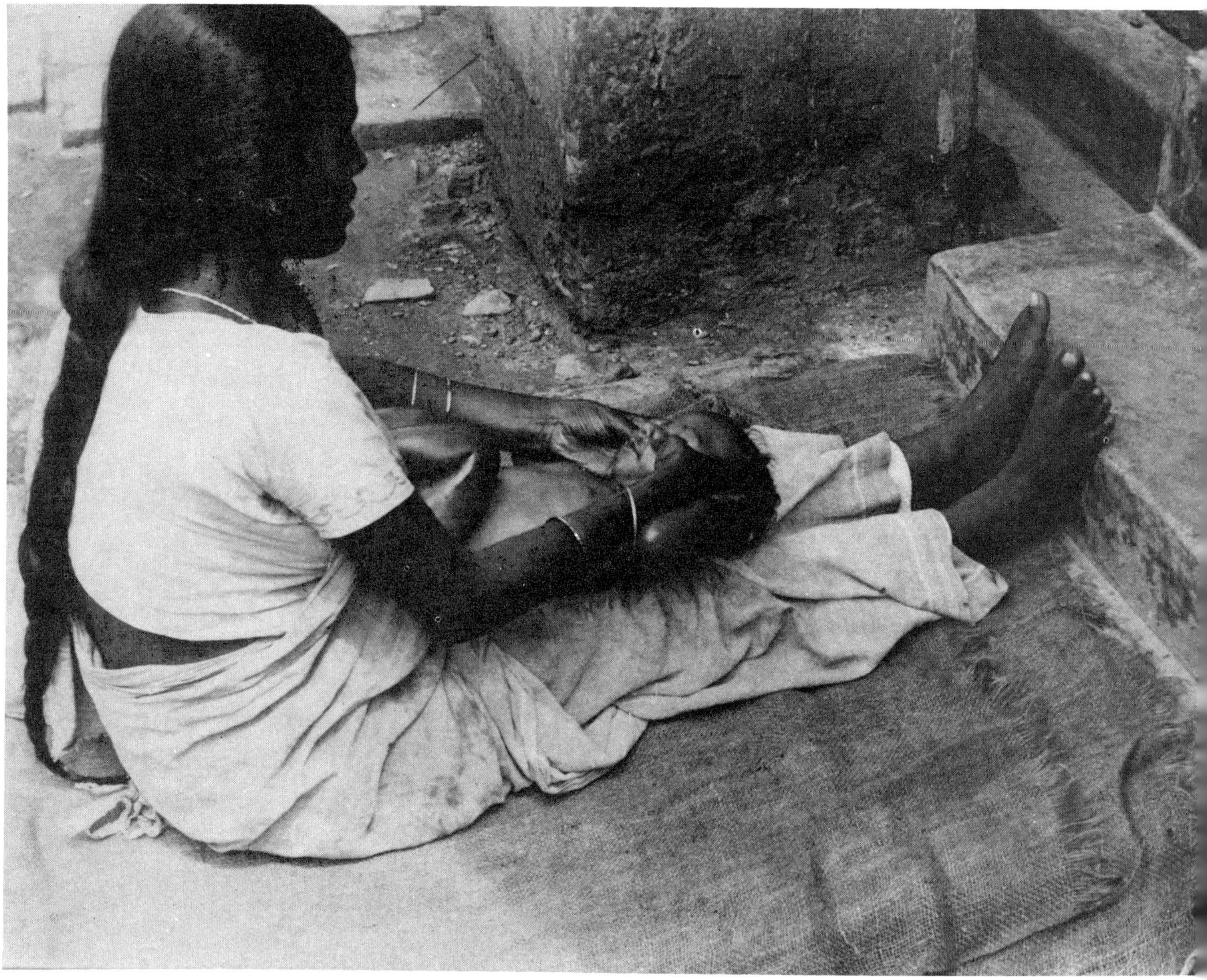

La base de la nariz

Ahora sus pulgares, muy ligeramente, trepan desde la base de la nariz del niño, a uno y otro lado.

Después vuelven a bajar.

Después suben...

En un movimiento de vaivén de abajo arriba y después de arriba abajo,

de poca amplitud,

muy ligero.

Y cuyo tiempo activo es sobre todo el de abajo arriba.

Esto es, cuando sus dedos suben hacia la frente del niño.

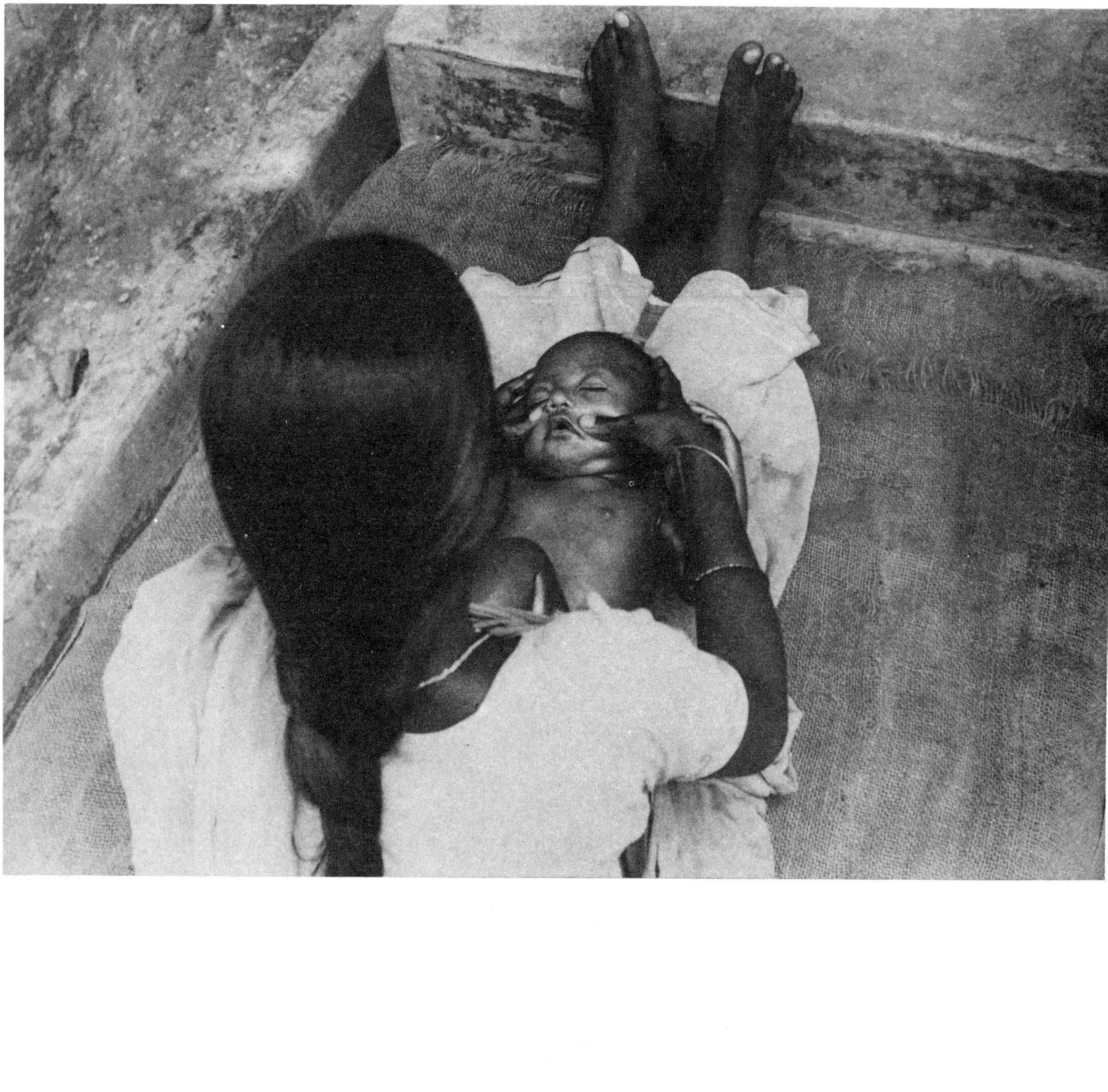

Las comisuras de la nariz

Ahora usted aplica sus pulgares sobre los ojos cerrados del niño.

Naturalmente, la presión debe ser muy ligera.

Y si los ojos del bebé están abiertos, sus pulgares, delicadamente, los cierran.

Partiendo de allí, sus pulgares descienden.

Siguen los bordes externos de la nariz, dirigiéndose hacia las comisuras de la boca.

Para detenerse en la parte inferior de las mejillas.

El masaje de la cara ha terminado.

Usted va a concluir con tres "ejercicios" que se encuentran muy próximos al hatha-yoga.

Estamos en la fuente, en la raíz...

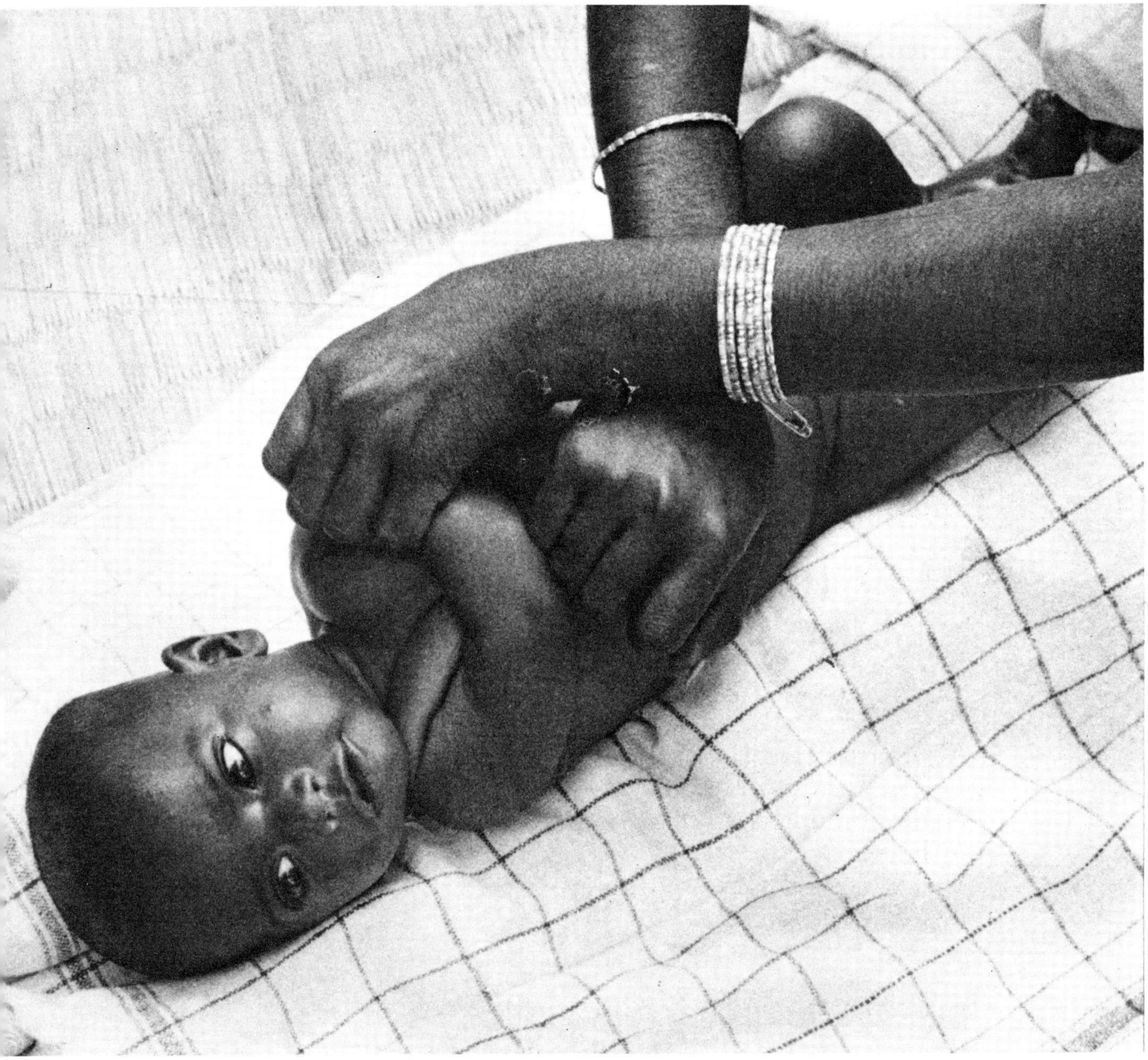

Los dos brazos

Usted toma las dos manos del niño y hace que los dos brazos se crucen sobre el pecho.

Después los vuelve a abrir, volviendo a la posición inicial.

Después los cierra.

Y después los abre...

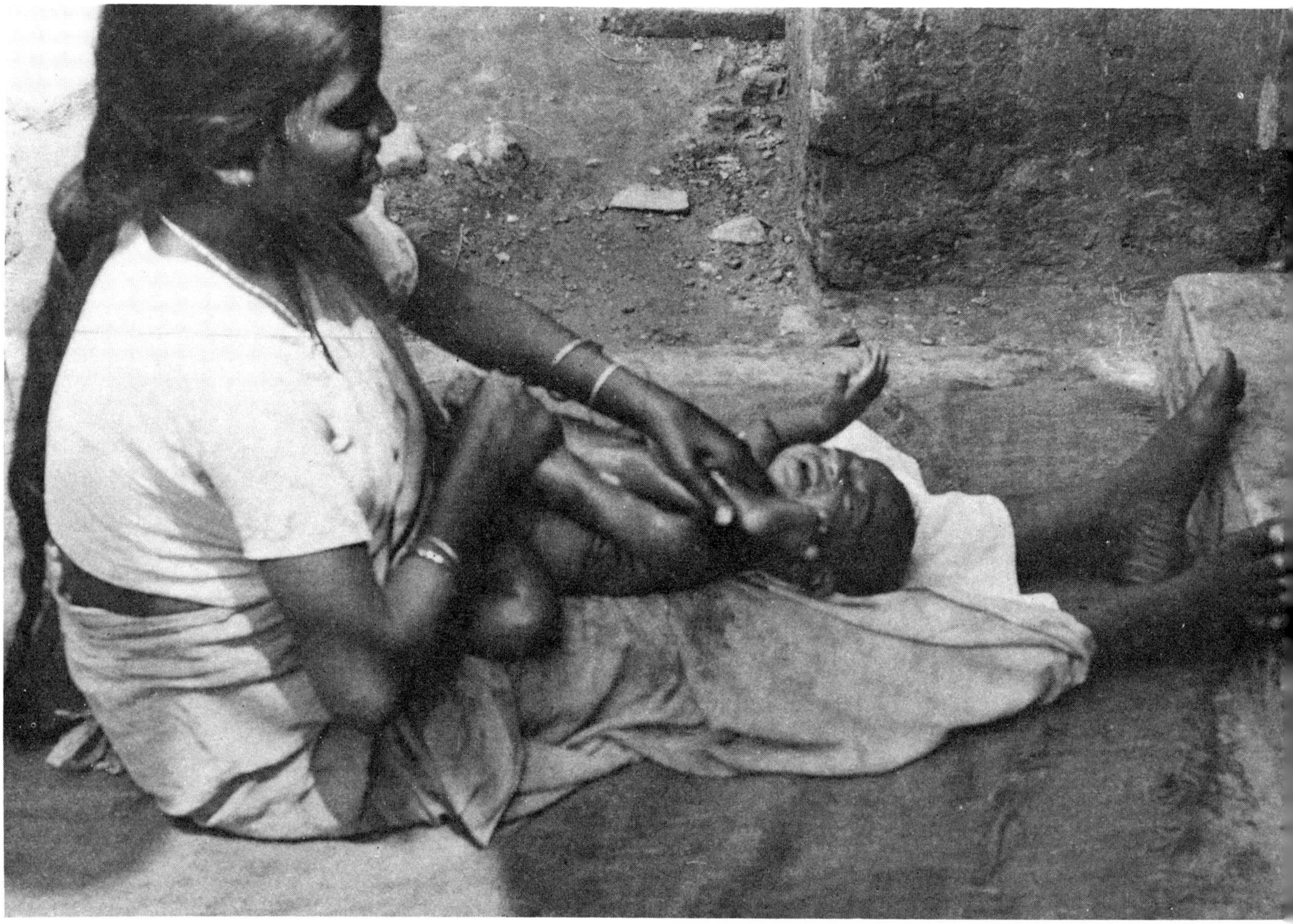

Un brazo, una pierna

Usted toma un pie del bebé y la mano del costado opuesto. Y hace que el brazo y la pierna se crucen.

Esto quiere decir que el pie del bebé llega a tocar el hombro opuesto.

Mientras que la mano llega hasta tocar la nalga del otro costado.

Enseguida, usted lleva ambos miembros a su posición de partida (abertura).

Después recomienza (cierre).

Vuelve a abrir...

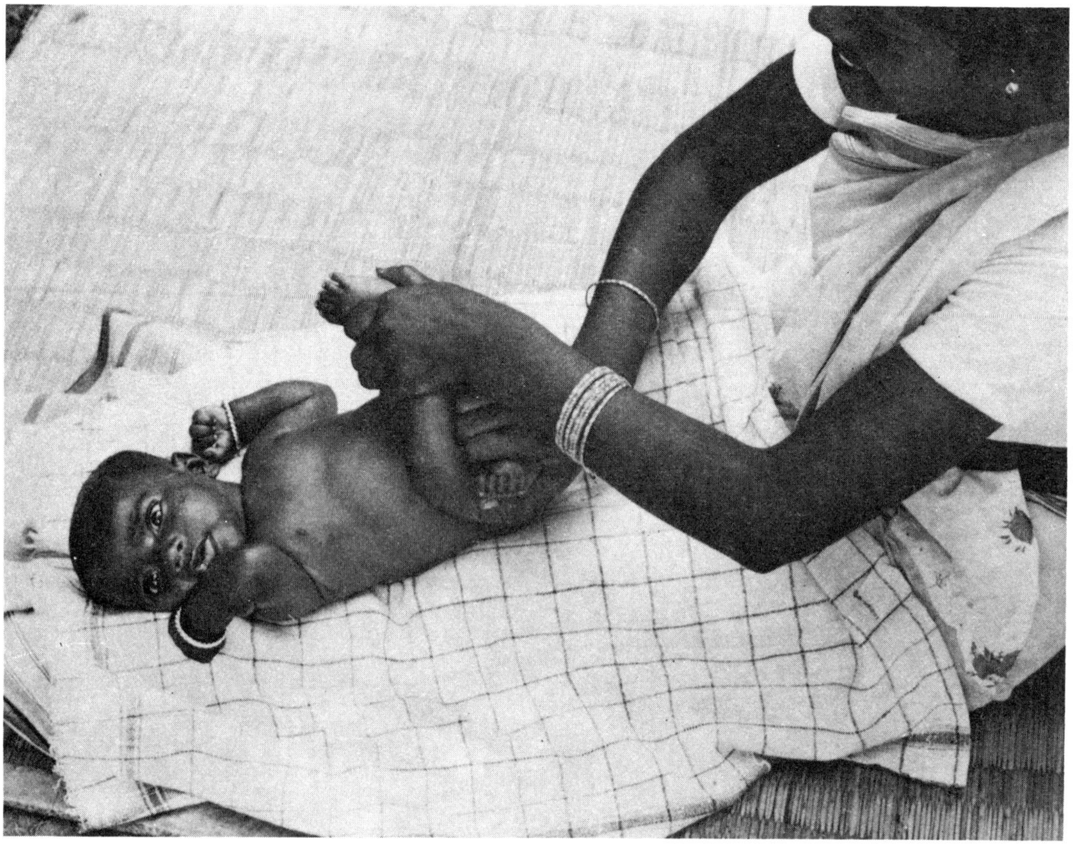

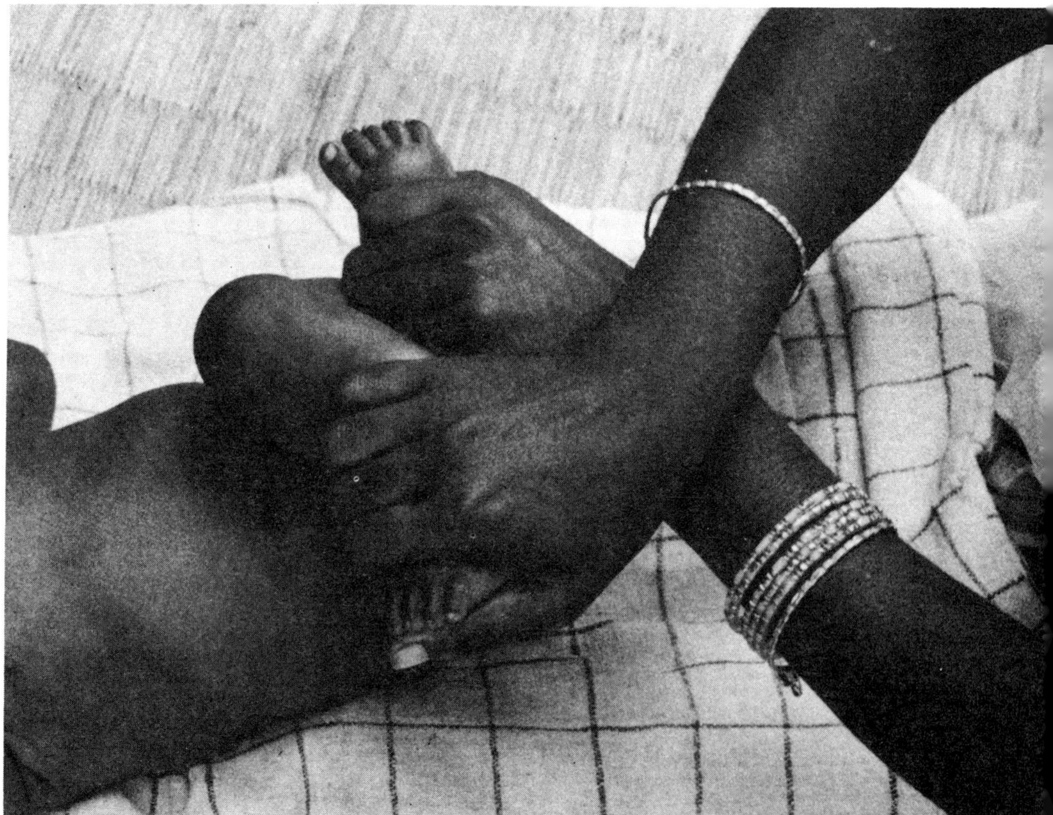

Padmasana

Y ahora, el loto.

Usted toma los dos pies del bebé y hace que ambas piernecitas se crucen, llevándolas hacia el vientre.

Después, a la inversa, "abre", extendiendo y separando las piernas y llevándolas a la posición de partida.

Después vuelve a cerrar, haciendo de nuevo que las piernas se crucen.

Abra nuevamente...

Estos tres ejercicios clausuran la sesión.

Se necesita mucha destreza. Mucha sensibilidad. Y mucha ciencia.

Aliar ligereza y firmeza.

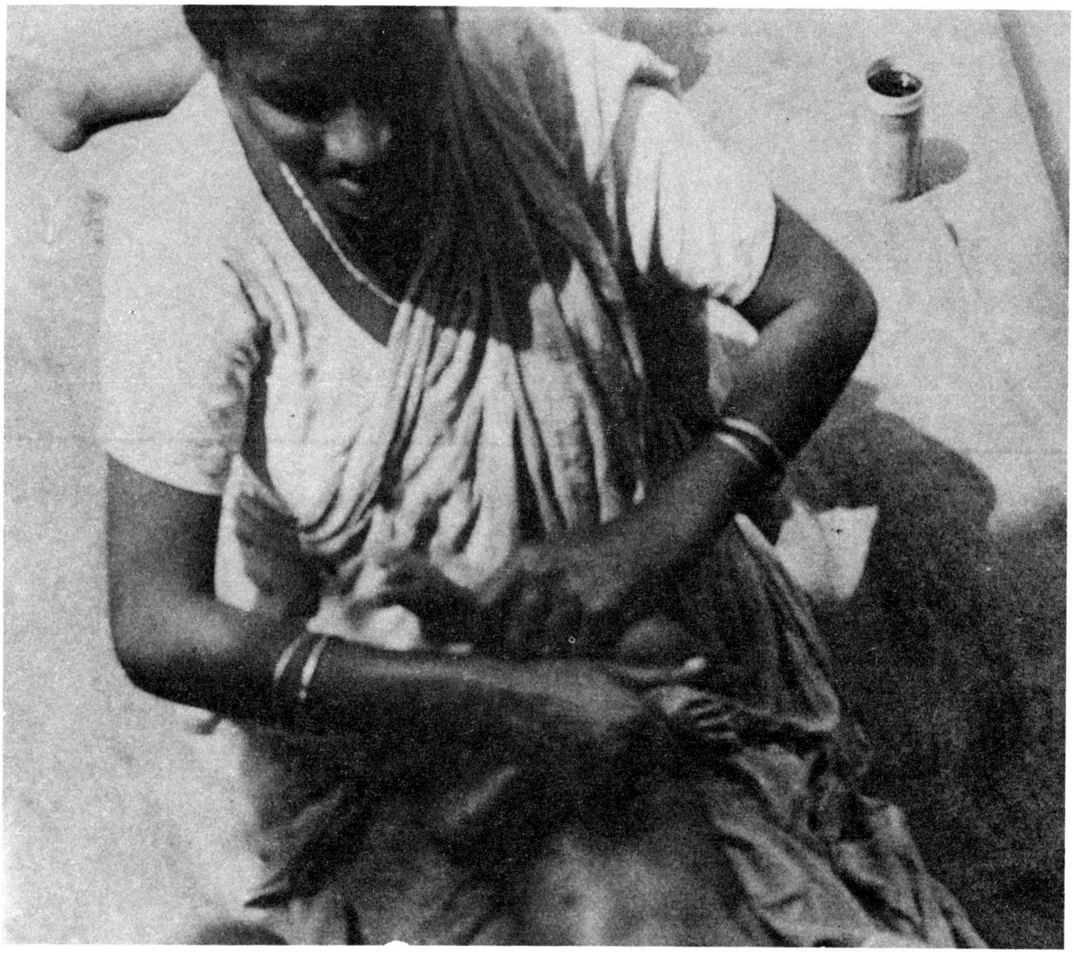

Y comprender bien la intención, el sentido.

Al hacer que los brazos se crucen sobre el pecho, usted libera en el bebé toda la tensión que haya posido subsistir en la espalda. Y por este medio libera la caja torácica y la respiración superior.

Al hacer que se crucen un brazo, una pierna, enfrentando así un hombro y la cadera opuesta, usted hace que la columna vertebral sufra una inclinación y una torsión sobre su eje; así, el conjunto de la columna se libera de toda tensión.

Al hacer que las piernas se crucen sobre el vientre en Padmasana, usted provoca la apertura y relajamiento de las articulaciones de la pelvis. Y muy particularmente de sus ligamentos con el sacro y la base de la columna vertebral.

El masaje ha hecho desaparecer progresivamente todo cuanto podía subsistir de tensión muscular en el cuerpo del niño.

Los tres ejercicios culminan y perfeccionan este trabajo.

Acentúan los estiramientos musculares.

De hecho, van más allá. Actúan más profundamente.

Representan una gimnasia pasiva de las articulaciones. Actúan sobre los ligamentos.

En este aspecto estos ejercicios se conectan a las posturas, las Asana.

Pues tocamos aquí la esencia misma del Hatha-yoga.

EL BAÑO

Terminado el masaje, es el momento perfecto para el baño.

No es que sea necesario lavar a este bebé, quitar un exceso de cuerpos grasos: la piel lo ha absorbido todo.

No. No se trata de limpieza. Sino –una vez más– de bienestar. De completa liberación.

El agua perfeccionará su obra. Y créame, es mucho más hábil que usted. Será suficiente con que la deje trabajar.

Por más atento que haya sido su masaje, algunas tensiones en el cuerpo del niño, algunas vacilaciones, pueden habérsele escapado. Que se esconden todavía a lo largo de la pequeña columna vertebral, en la espalda, alrededor del cuello, de la nuca, o en algún lado del sacro.

Esa hechicera que es el agua las hará desaparecer con un pase mágico, tan fácilmente como el sol hace que se funda la nieve.

Con la condición de dejarla trabajar.

Es decir, con la condición de saber como dar el baño. Cómo sostener al niño.

O, mejor, no: justamente con la condición de no sostenerlo, sino simplemente de dejarlo flotar.

De modo que nada de usted venga a interponerse entre el agua y el bebé.

Acepte no ser más que un testigo.

Para hacer entrar el niño en el agua, aférrelo por debajo de los sobacos.

Y, una vez sumergido, déjelo flotar.

La pequeña bañera, el recipiente, se encuentra transversalmente ante usted.

Y la cabeza del bebé, una vez en el agua, a su izquierda.

No es necesario sostener al bebé, sino simplemente retenerlo. Pues su cuerpo flota espontáneamente.

El agua lo sostiene; ella hará el trabajo.

Y este modo de retener al bebé es esencial.

El cuello (no la cabeza), y más exactamente, la nuca del bebé reposa en el hueco de su muñeca izquierda.

Esta mano izquierda debe estar totalmente abierta, totalmente distendida.

El dedo mayor debe deslizarse en el sobaco del bebé. Y es suficiente para impedir que el cuerpo del niño resbale.

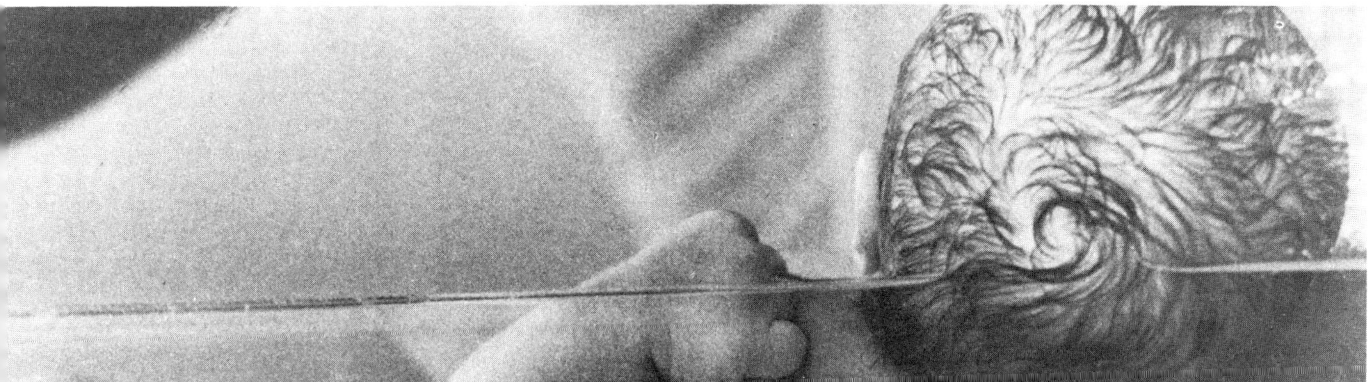

Pero, para mayor seguridad (y en tanto usted no se sienta en posesión de suficiente maestría), su mano derecha la ayudará. Abrazando al cuerpo del bebé, la coloca bajo el sacro. Esto es, bajo lo que se llama "la parte baja de la espalda".

Una última palabra: es esencial que sus dos manos estén distendidas. Lo que no será posible más que si sus hombros están libres de toda tensión. Lo que no será posible si su respiración...

Unicamente entonces sus manos trabajarán en armonía.

Entre sí.

Y con el niño.

No lo olvide: el bebé es un espejo.

Refleja su imagen.

La imagen de su libertad.

O de sus tensiones.

Para liberar al otro es necesario ser, ya, libre uno mismo.

Y además: el otro, uno mismo...

¿Qué otro?

Naturalmente, el agua del baño estaba caliente: a la temperatura del cuerpo o un poco más.

Al salir del baño, un poco de agua fría: con su mano simplemente, sobre la parte superior de la cabeza del bebé, sobre la cara, y finalmente sobre las nalgas.

DETALLES

* Desearía que todos aquellos que se interesen en estos problemas: médicos, parteros, pediatras, enfermeras, comadronas, o simplemente mujeres y madres, leyeran el libro de Ashley Montagu, *Touching*, Harper and Row, New York. Querría citar el libro por entero, tan profundo y rico es.

¿Cuándo deberá comenzar?

Antes de que el bebé haya alcanzado la edad de un mes, nada de masaje que merezca ese nombre.

Esto es lo que se dice en el sur de la India, en Kerala, de donde es originaria la enseñanza de este masaje.

Pero, por otra parte, hoy sabemos toda la importancia de que haya contactos corporales íntimos, prolongados e inmediatos, entre la madre y su bebé*.

Hemos descubierto igualmente que todos los mamíferos (y los hombres son parte de esta gran familia) lamen enérgicamente a sus pequeños desde el nacimiento. Si les falta este masaje, muy a menudo los pequeños mueren.

De modo que entre los dos extremos, como siempre, hay que encontrar un justo medio.

Digamos que al principio se trata más de tocar el bebé que de darle un masaje propiamente dicho.

Es suficiente que las manos sigan y recorran su cuerpo. Que se sienta "en contacto".

Naturalmente, usted no tocará el vientre hasta que el cordón no se haya desprendido.

Digamos también que usted no tocará el vientre en tanto que el niño no tenga un mes.

Y de la misma manera esperará que haya pasado un mes para tocarle la cara.

Con el correr de los días, poco a poco, el masaje irá tomando forma.

Usted se irá acercando a lo que indica este libro dejándose guiar por las reacciones del niño.

Que sus manos sean ligeras al comienzo. Que no se trate más que de caricias todavía.

Y, poco a poco, deje pasar la fuerza.

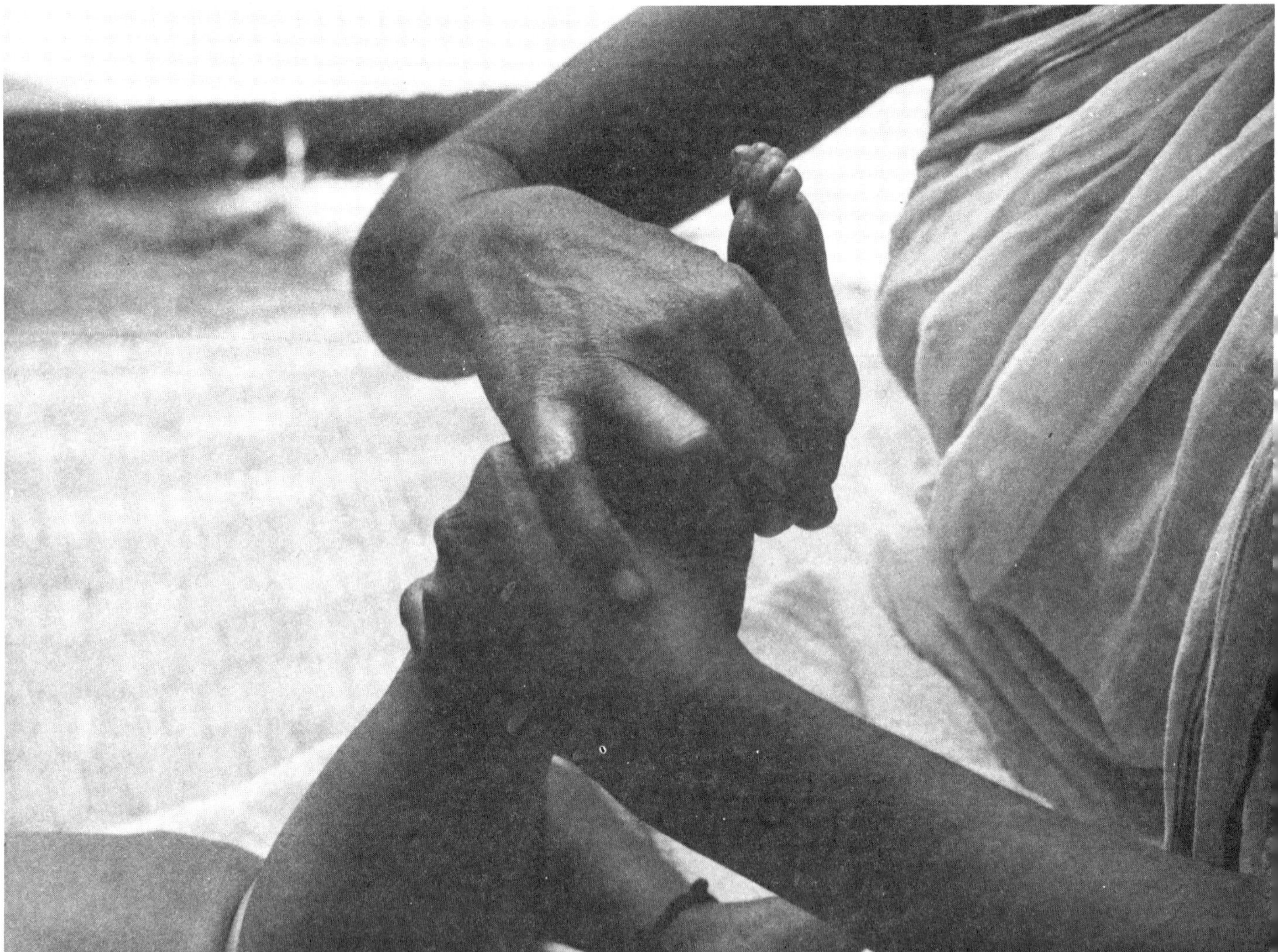

Lo que no quiere decir "haga fuerza".

La flexibilidad, la distensión, no son ni el abandono ni la blandura.

Y la energía está libre de brusquedad, de violencia, de agresividad.

Una vez más, no se trata ni de caricias ni de azotes.

Una energía pasa a través de usted.

Que no es suya.

Ella la guía. Con la condición de que usted esté abierta y atenta.

De alguna manera, usted es un instrumento.

Y esa fuerza pasará tanto mejor cuando más distendida se halle usted.

Mire qué libres son las manos de Shantala...

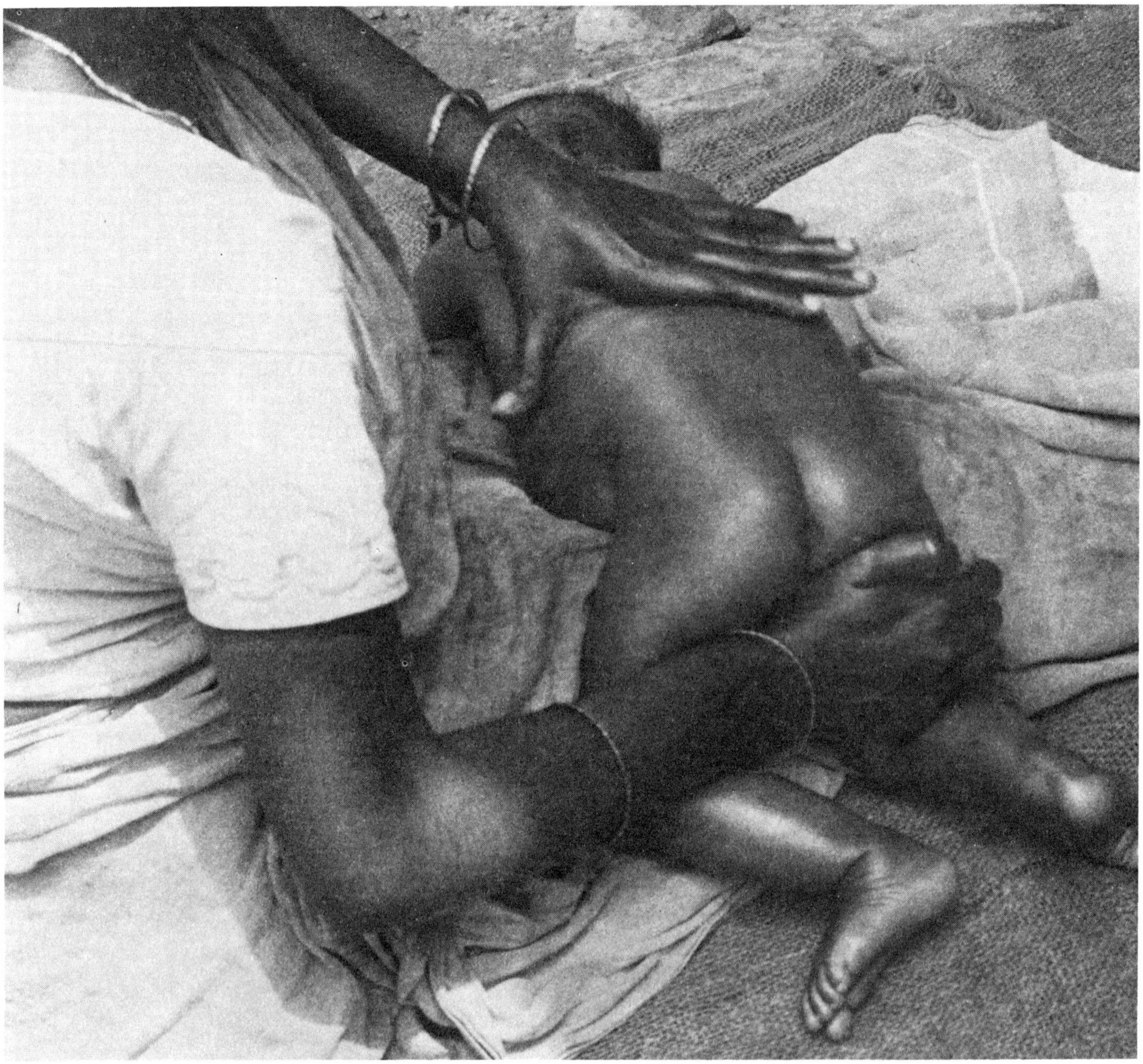

Y sin embargo, vea,
sienta,
cuánta fuerza, cuánta
inteligencia,
cuánta atención
hay en esas manos...

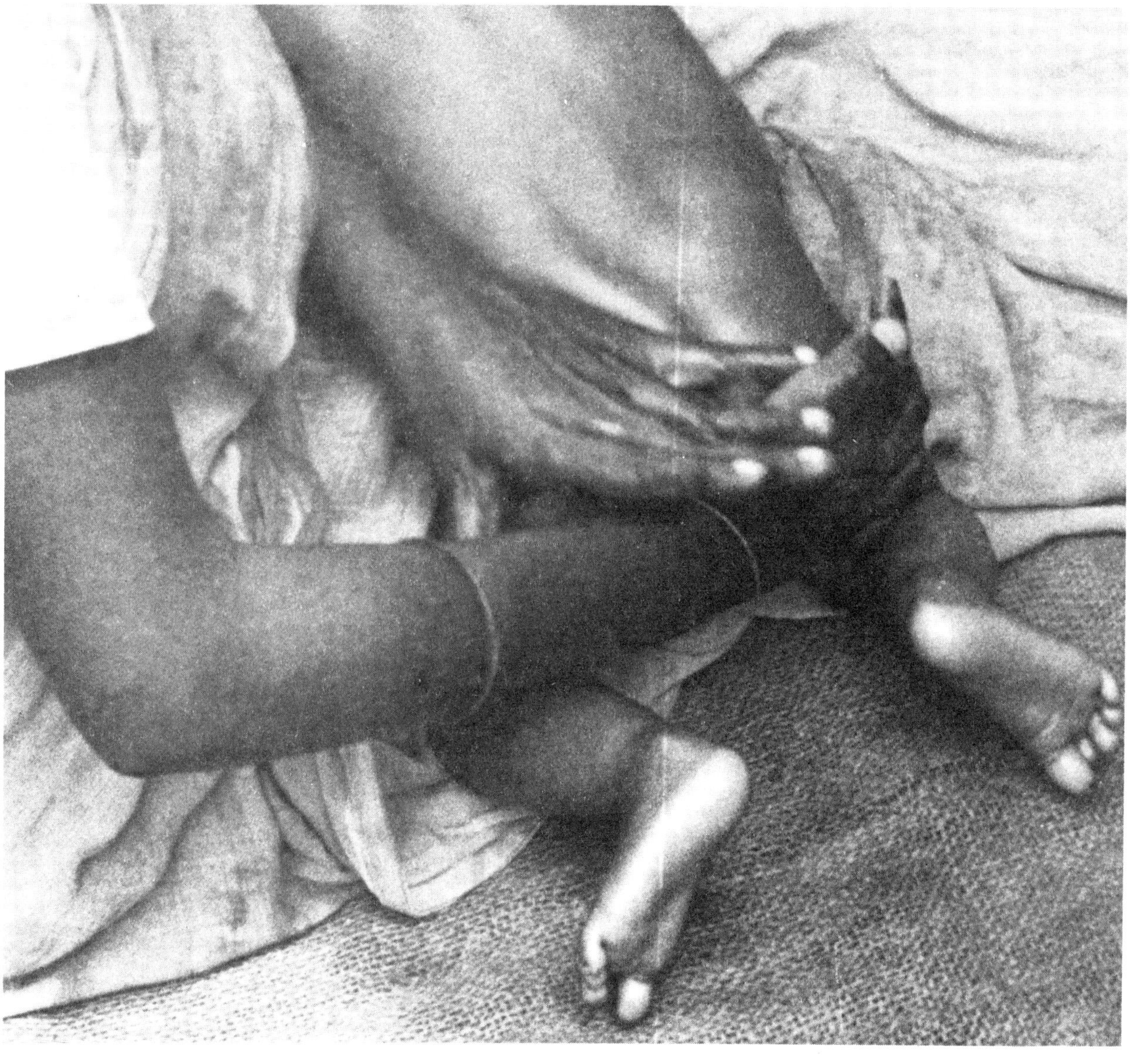

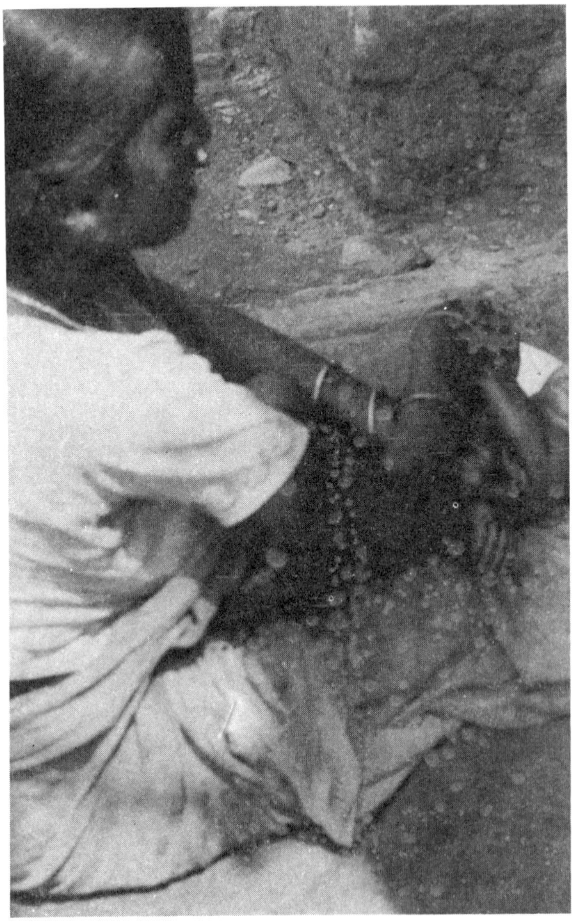

¿Quién no creería que es una lucha?

¿Quién no creería que Shantala, súbitamente presa de rabia, de locura, no está a punto de golpear, de aniquilar, a su bebé?

Del amor al odio no hay más que un paso.

Del mismo modo que no hay más que un paso de este masaje a...¡los antiguos azotes!

¿Es la misma cosa?

¡Pero no!

Los azotes procuran un inmenso bienestar... a quien los da.

En tanto que aquí...

Es verdad, aquí hay una lucha, una batalla.

Pero es una batalla de amor.

Donde el furor y la ternura no son sino una misma cosa.

Donde un cierto exceso es recibido.

Tanto como es dado.

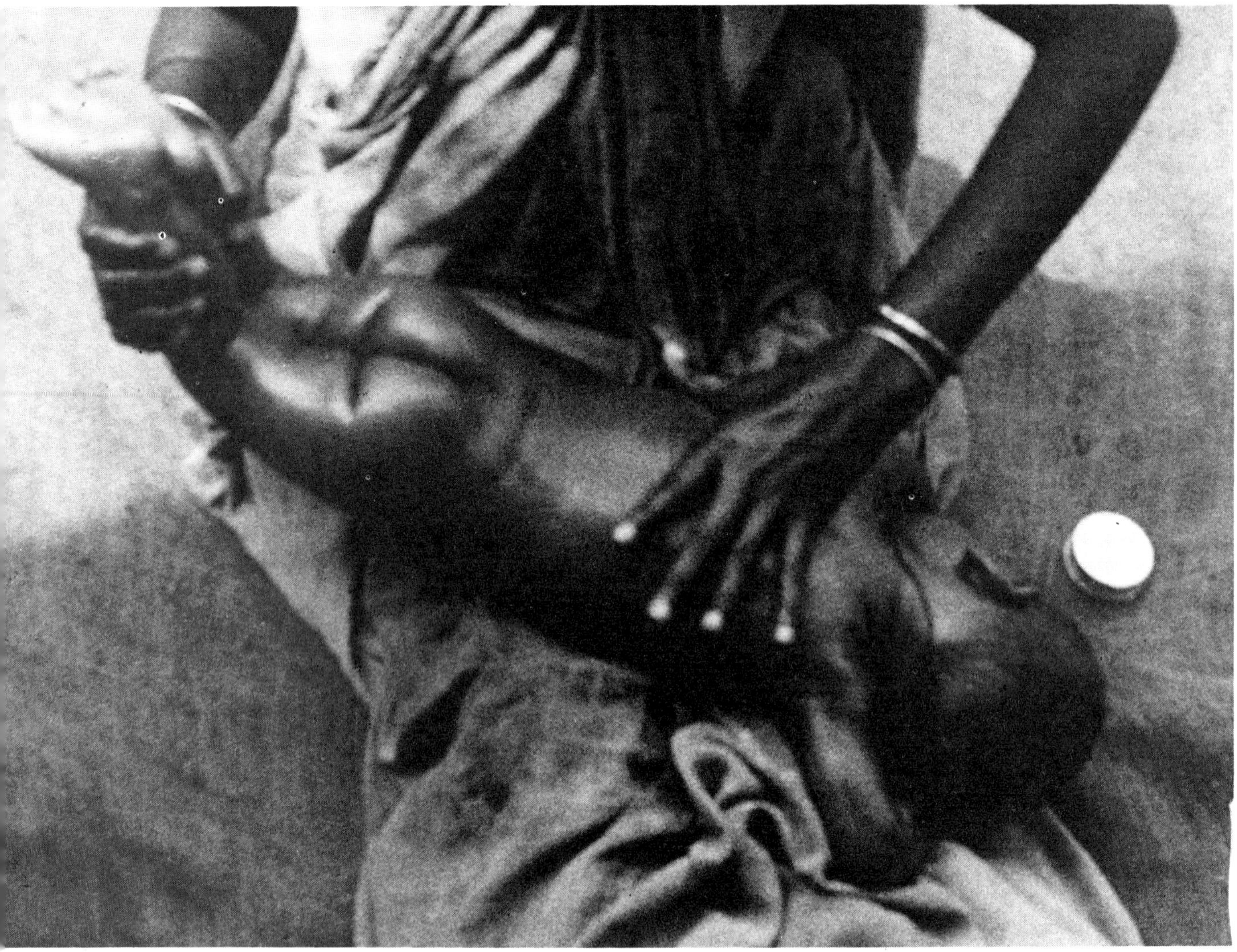

Además, ¡qué contraste
entre la fuerza del movimiento
de Shantala,
la potencia de su mano,
y el abandono, la distensión
del cuerpo del niño!

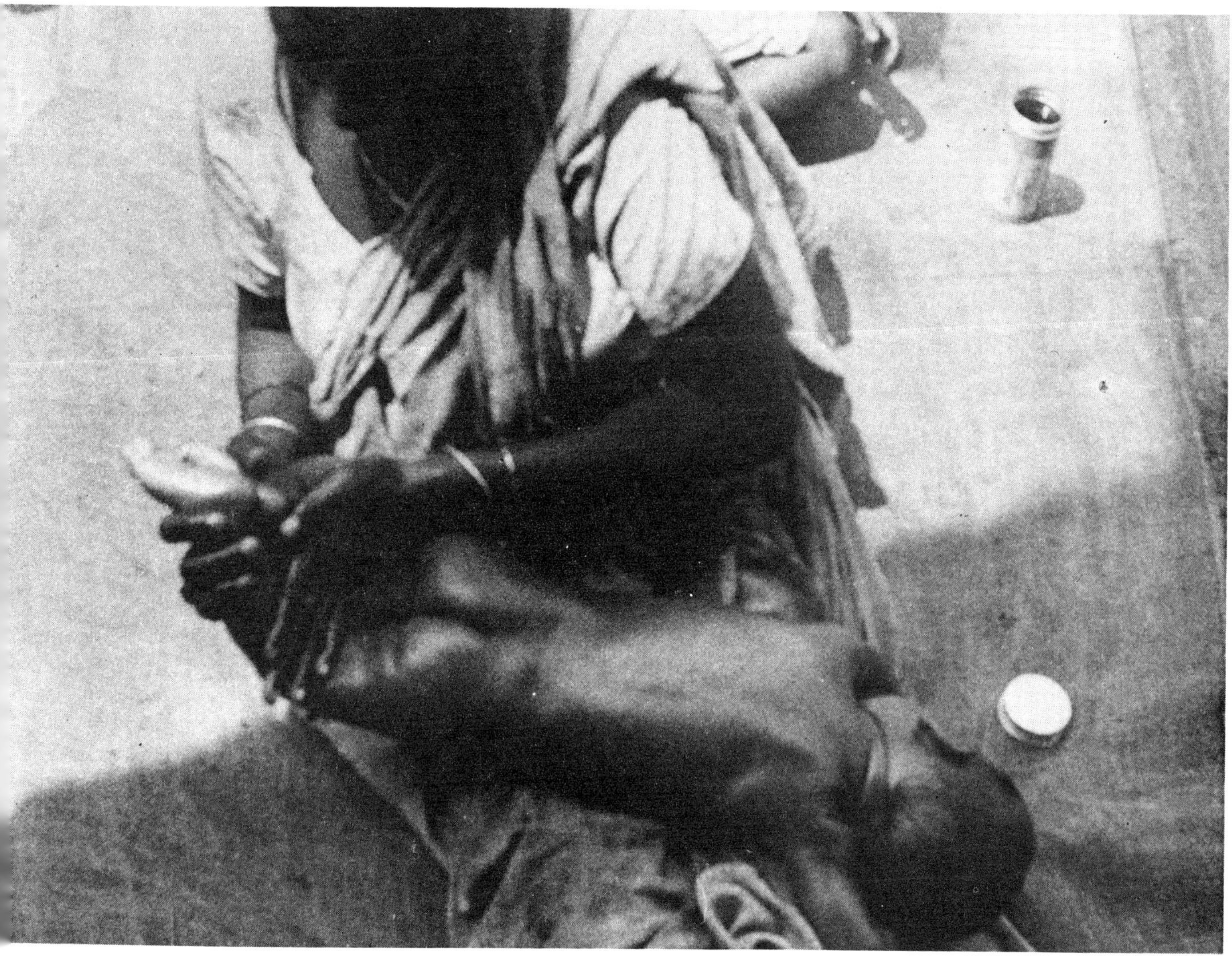

Cada día, ¿cuánto tiempo debe durar el masaje?

¿Cuánto "tiempo"? Aquí está nuevamente, nuestro viejo compañero.

Cuando el bebé todavía no tiene más que unos pocos días, no se trata verdaderamente de "masaje", sino simplemente de caricias, de roces. Y la sesión apenas dura unos minutos.

Se alargará en la medida en que el bebé... se alargue y entre en la vida.

Día a día las cosas se hacen más precisas, cobran más importancia.

Y requieren más tiempo.

Así como usted se irá familiarizando y se hará más experta.

Sin duda le gustarían algunas precisiones.

Y que se le dijera como para los biberones.

"Tantos minutos, el primer día.

Tantos minutos el segundo día.

Enseguida extenderá el biberón tantos minutos por día.

De modo que, al final de una semana, tantos minutos..."

Esto sería muy "científico".

Estaría, por consiguiente, totalmente a la moda.

¡Pero la vida no tiene nada que ver con ese "tiempo"!

Si aún quiere conocer el "tiempo justo", será necesario que se olvide del reloj.

Porque poco a poco el tiempo consagrado al masaje se alargará y, cuando el niño tenga alrededor de un mes, la sesión durará de veinte a treinta minutos.

La veo sobresaltarse:
"¡Treinta minutos!
¡Pero nunca tendré tiempo!"
El tiempo... una vez más, no se preocupe. Vendrá.
Pero recuerde que el masaje debe darse muy lentamente.
En esa lentitud se medirán su maestría y su comprensión.
Y para llegar a hacer durar la sesión tanto tiempo, será necesario que usted se vuelva una experta.

¿Hasta qué edad?
Al menos durante los cuatro primeros meses.
De hecho, es necesario masajear al niño mientras no pueda moverse. El día en que pueda darse vuelta, ponerse sobre la espalda y, de ese modo, distender profundamente su espalda y su columna, puede detenerse.

De hecho, por el bienestar tanto de
uno como de otro,
nada impide que usted vaya
más lejos.

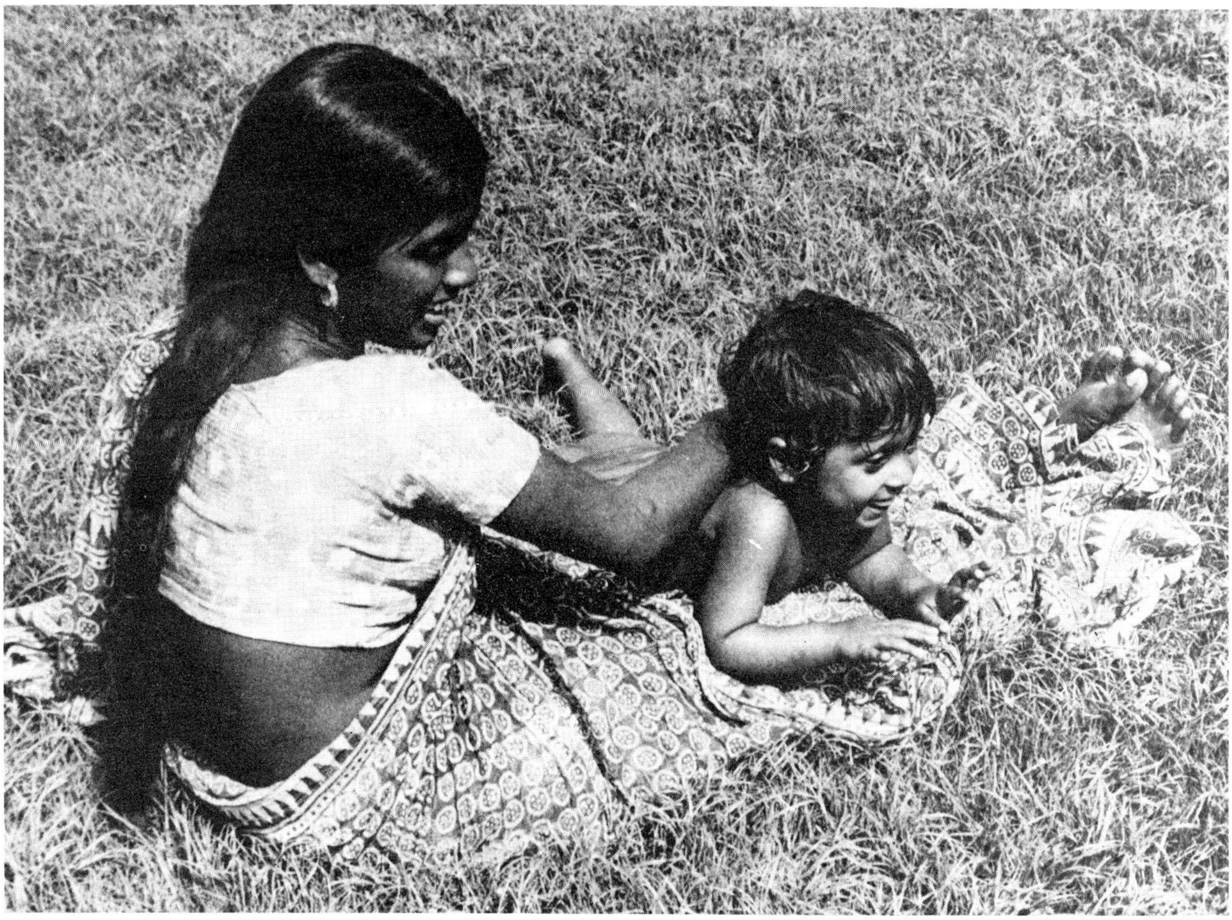

A MODO DE ADIOS

¡Eh, pero –dirá usted– eso tomará tiempo!
Sí.
Como siempre, ese maldito tiempo es el problema.
O, mejor, el misterio.
Porque, curiosamente, al final siempre hay bastante.
¡El Tiempo!
Para penetrar en cualquier arte, es necesario tiempo.
Porque en todo arte hay una técnica. Que es necesario aprender y dominar.
Técnica, aprendizaje, se inscriben en la duración.
Técnica, aprendizaje, un día se dejan atrás, se olvidan y se desemboca... en algo
que no pertenece sino al arte.
¡Y que había estado allí
todo el tiempo!

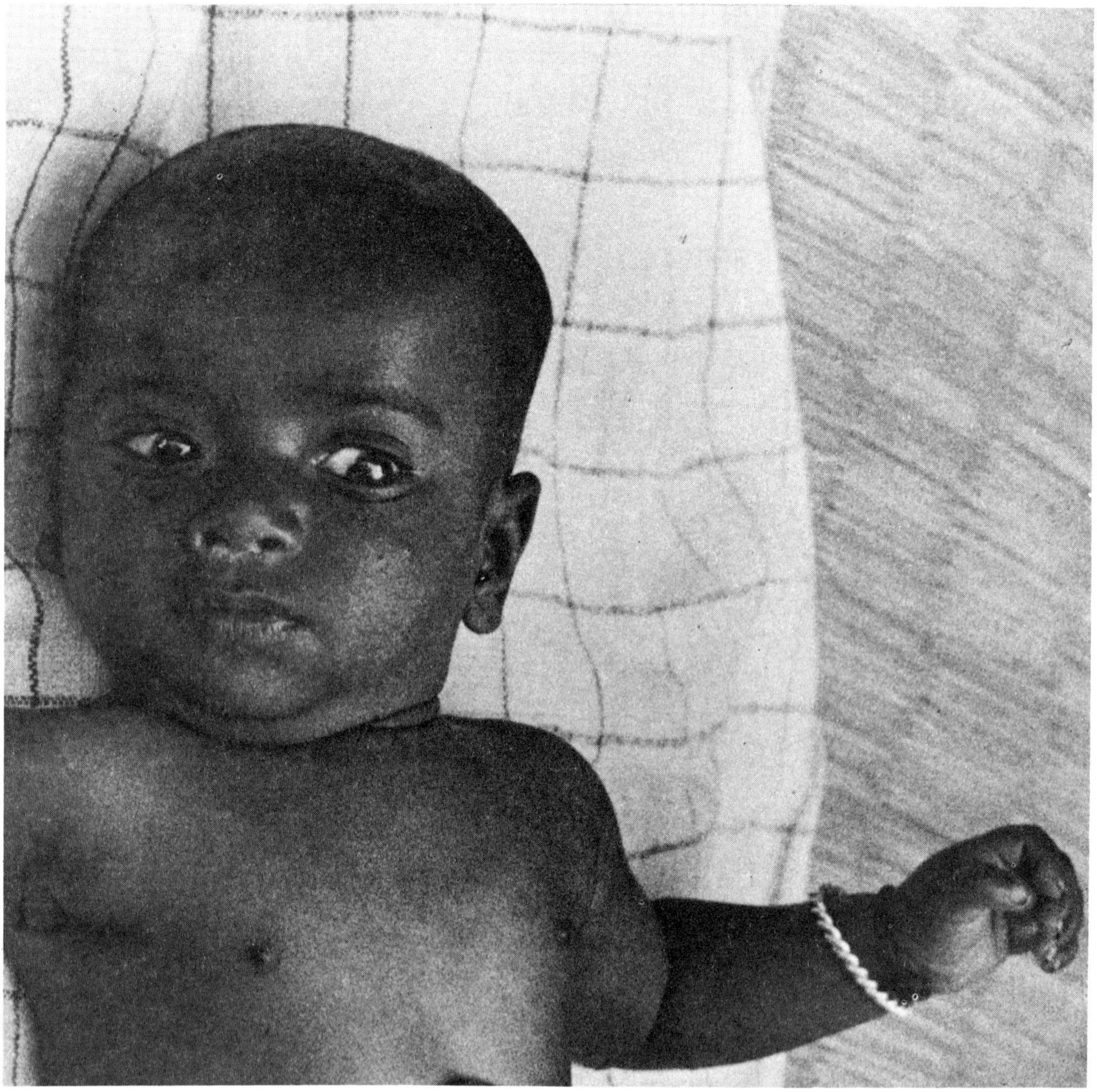

Se necesita tiempo para criar un niño.
Además ese tiempo, ¿en qué lo habría usado usted, en otro caso?
Y de hecho, ¿a qué lo ha consagrado?
¿Al niño?
¿No es a "usted" a quien el masaje ha transformado en primer lugar?
¿Quién, si no protestó:
"¡Oh, mi espalda! ¡Oh, mis riñones!"
Pues fue necesario que volviese a aprender a sentarse en el piso.
A quedarse allí un largo rato. Conservando la espalda derecha. Sin rigidez. Con gracia. En equilibrio.
Guardando esa posición, para usted difícil: los hombros libres, naturalmente (!) sueltos.
E igualmente las piernas, alargadas.
¡Sin rigidez!
¡Y sin embargo, sin dejar que las rodillas se doblen!
Todas cosas que son tan simples para un niño de un año.
Pero que, para usted...
Vea: para liberar, es necesario ser libre uno mismo.
No se puede dar lo que no se tiene.
¿Liberar qué?
Esa fuerza que todavía dormita en el cuerpo del bebé.
Esa fuerza a punto de despertarse, florecer, fluir...
Que se llama la vida.
Y que siempre se hace más fuerte, más rica en usted, a medida que la da.

No solamente su espalda protestó.

No solamente ella debió volver a aprender.

"Veamos; primero el pecho.... Ah, y después, ahora el brazo. Primero… veamos el libro… Ah, sí, saliendo del hombro, yendo hacia la muñeca..."

Y así, laboriosamente, usted fue del libro al niño, del niño al libro.

Así vagaron sus ojos.

Y lo mismo su espíritu: ¡de su cabeza a sus manos, de sus manos a su cabeza!

Hasta que al fin, un día, los tiempos se encontraron eslabonados por sí mismos.

Sin siquiera haberlo notado, sus manos encontraron y volvieron a encontrar el camino.

El pecho, el brazo. El vientre, y después las piernas. Y después la espalda. Y después...

Todo se puso a fluir.

Entre los tiempos, un nexo. Evidente. Necesario.

El libro queda olvidado.

¡Y lo mismo su cabeza!

Se ha hecho presente un saber verdadero.

Que no es un vano montón de conocimientos acumulados en su cerebro.

Esas manos que, ahora, completamente solas, siguen el camino, portadoras de una fuerza extraña.

Y que viene de mucho más lejos que de usted.

Transformadas están sus manos,
hábiles, inteligentes.
Atentas y sensibles.
Animadas por un ritmo tan discreto como inevitable.
El masaje se ha hecho danza.

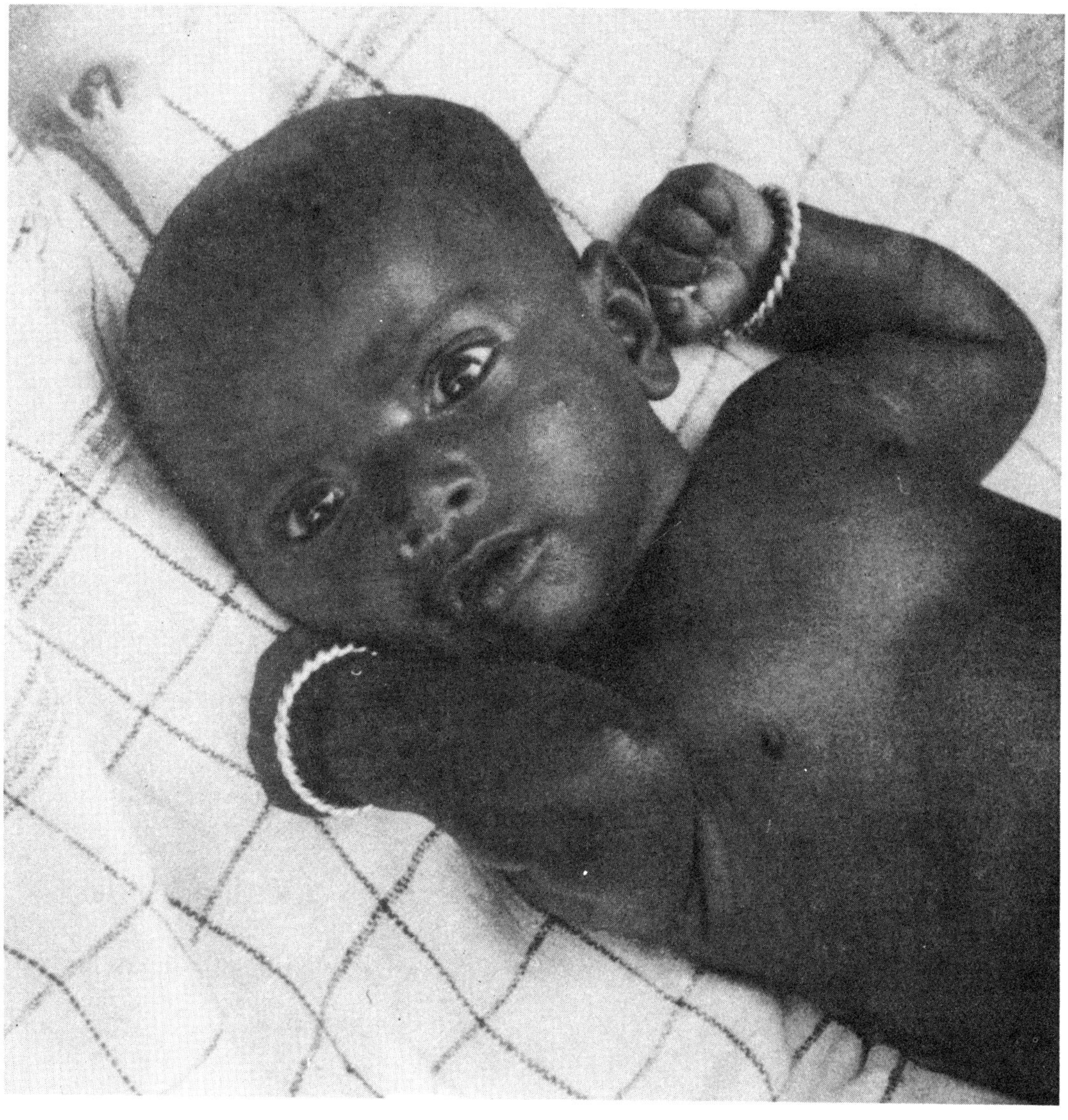

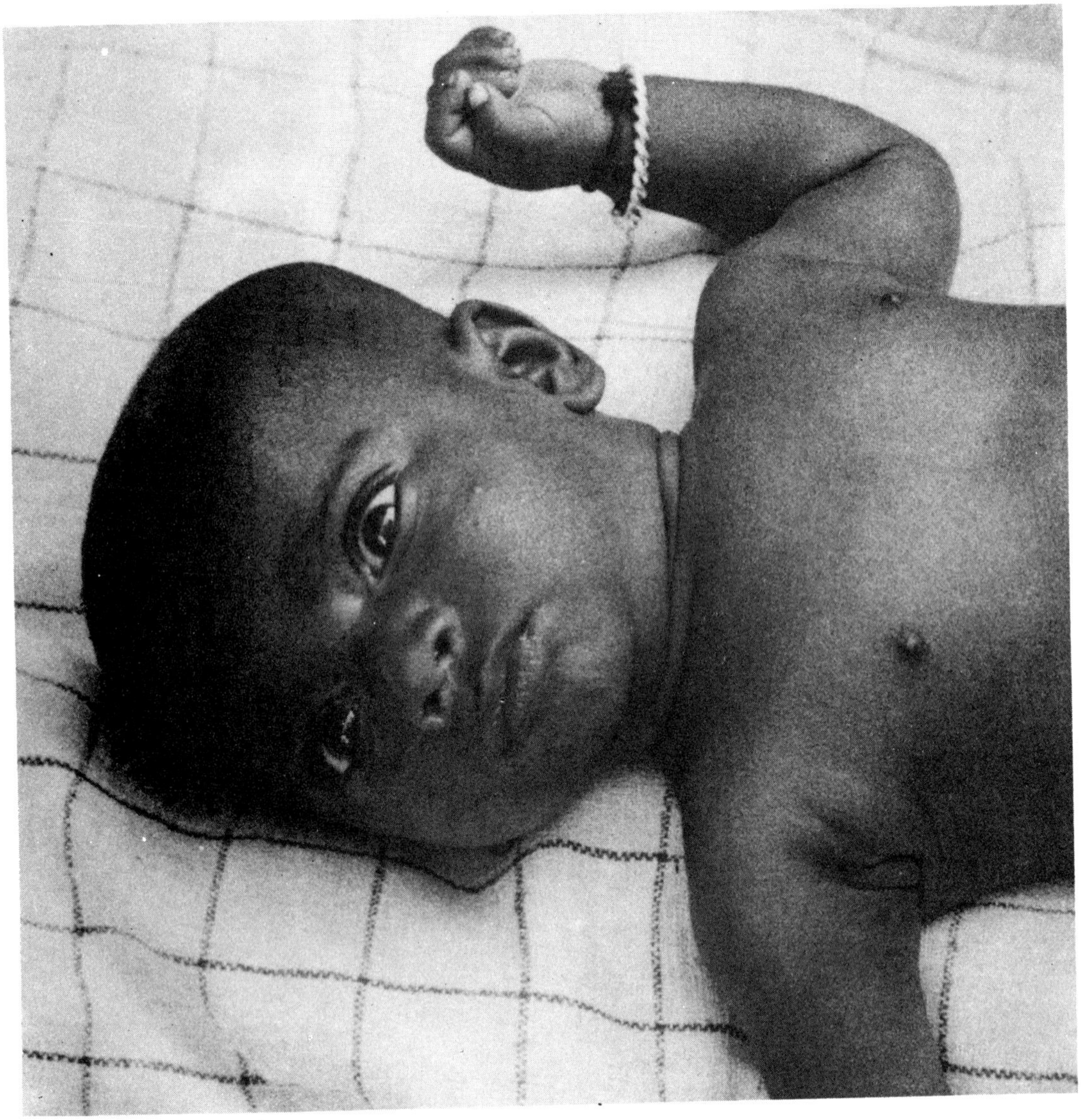

Sí, lejos de ser simplemente una de las atenciones que se brindan al bebé, este masaje es un arte.

Y por lo tanto, usted necesita un maestro.

Hay cosas que no se aprenden en un libro.

Y este arte es de esas cosas.

¿Dónde encontrar un maestro aquí, en Occidente, donde este masaje es totalmente desconocido?

Usted podría ir a Calcuta, donde la casualidad puso a Shantala en mi camino.

Pero es un largo viaje.

Quizás usted no tendría mi suerte. Quizás no la encontraría.

Además, le sería necesario desafiar un clima difícil. Y las epidemias.

Y quedarse. Pues allí hay cosas que no se aprenden en un día...

¿Entonces?

Felizmente, aquí hay un maestro.

Como siempre.

Todo está siempre "aquí". Al alcance de la mano. Si se sabe verlo.

Ese maestro –una vez más– es el bebé.

Es él quien va a enseñarle, a instruirla.

Con la única condición de que usted sea modesta.

Y suficientemente simple, suficientemente abierta para seguirlo.

Si solamente por un instante usted pudiese dudar de la perfección de este maestro, ¡compare simplemente su flexibilidad y la suya!

Compare su espalda y la suya.

Sí, déjese guiar por él.

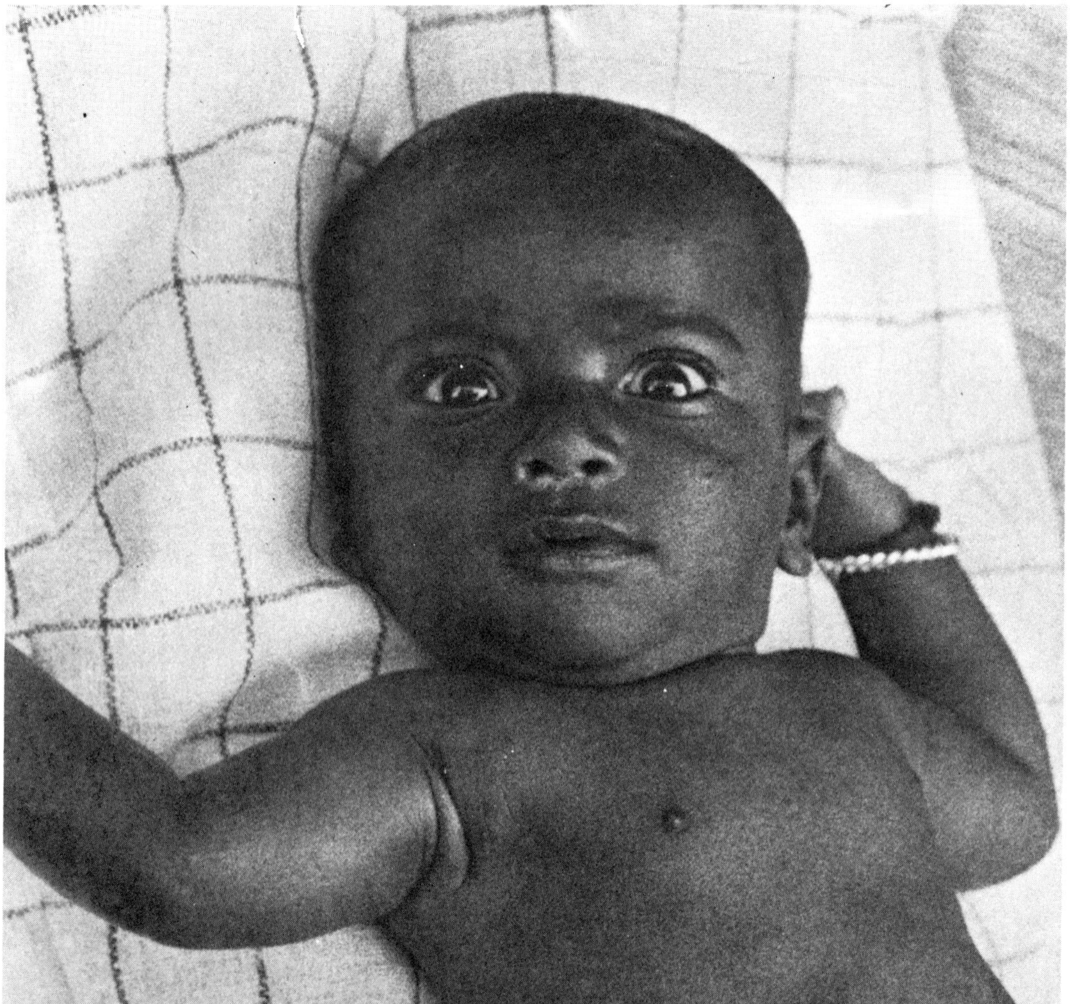

Además, día llegará en que su masaje, al fin, fluya como de una fuente.

Día llegará en que cada "tiempo" naturalmente, simplemente, necesariamente, parecerá nacer del precedente.

Como las figuras de una danza.

Entonces, alcanzada esa perfección,

¿dónde está usted?

¿Quién masajea?

¿Quién es masajeado?

¿Quién guía? ¿Usted? ¿El bebé?

¿Quién conduce este ballet?

Algo... desde dentro.

Qué está allí.

Que estaba allí desde siempre.

Pero que dormitaba.

Algo que está allí y que sabe.

Estamos en la India.

Pero son las palabras de Chuang-Tseu las que me vuelven al espíritu.

Tan cierto es que la sabiduría no conoce fronteras.

Él dijo:

" Un día el duque de Haun estaba leyendo en una de las habitaciones de lo alto de su palacio, mientras que abajo Pien, trabajaba haciendo una rueda.

Dejando su martillo, el carretero subió y fue a decirle al duque:

–¿Qué es lo que está leyendo?

–Las palabras de los santos –respondió el duque.

–De los santos... ¿Todavía viven?

–No –respondió el duque–. Están muertos.

–Entonces –dijo el carretero–, pierde su tiempo. Todo lo que usted pueda encontrar en sus libros no es más que la hez de los Antiguos.

–Yo leo –replicó el duque–. ¡Y ningún carretero tiene por qué darme su consejo! En mi gran bondad, te autorizo a explicarte. Si no, se te ejecutará en castigo de tu falta de respeto.

–Lo que diré –dijo el carretero– el oficio lo ha enseñado a este su servidor. Cuando hago una rueda y voy haciéndola suavemente, el trabajo es placentero. Pero no es sólido. Si voy rápido, por el contrario, el trabajo es penoso. ¡Y embrollado! ¡No hay que ir ni rápida ni lentamente! De hecho, hay que encontrar el ritmo justo. Que conviene a la mano. Y corresponde al corazón.

En esto hay algo que las palabras no pueden expresar. Que no he podido hacer comprender a mi hijo. Que, desdichadamente, no ha logrado aprender.

De modo que aquí estoy todavía, a pesar de mis setenta años, haciendo mis ruedas.

Lo que los Antiguos no pudieron transmitir está bien muerto.

Y en los libros, no encontrará jamás otra cosa que la hez."

¿Y QUIÉN ES SHANTALA?

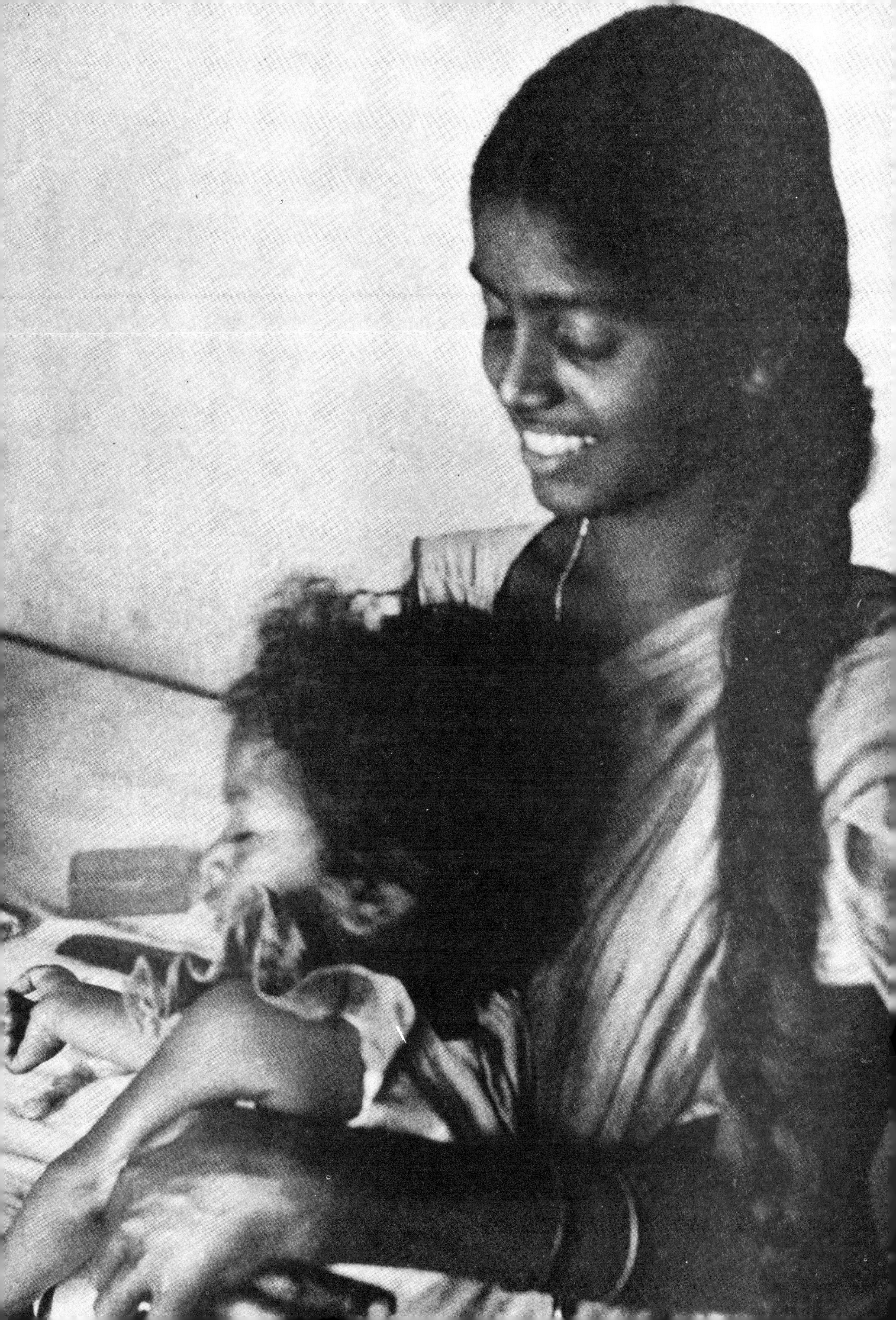

Fue en Calcuta donde volví a encontrar a Shantala.

Y ciertamente mi buena estrella había conducido mis pasos.

Calcuta... El nombre me hace estremecer.

La más desheredada de todas las ciudades de esta India que se dice tan desdichada.

Calcuta, lugar de miseria, por no decir de horror, donde se apiña confusamente un aumento insensato de población, expulsada por la guerra, atraída por el centelleo engañador de "la ciudad", o fugitiva de las mil y una calamidades que, en este país más que en ninguna otra parte, constituyen la dura trama de los días.

Calcuta, en un tiempo capital gloriosa de Bengala, ciudad resplandeciente y envidiada, ahora desfigurada, odiosa, fulminada por uno de esos vuelcos de la suerte que se ven tantas veces en los asuntos de este mundo.

En Calcuta, sí; o más exactamente en Pilkhana, una de las sórdidas villas-miseria que en los últimos años se han multiplicado bajo la afluencia de refugiados.

Seva Sangha Sariti, asociación caritativa muy próxima a la de Hermanos de los Hombres, había abierto allí un hogar que era testimonio de que la paciencia y el amor pueden triunfar aun en el corazón de la más absoluta miseria.

Shantala había sido recogida con sus dos niños. Y ella ayudaba en la medida de sus posibilidades: algunos años antes, había estado completamente paralizada de ambas piernas.

Y así, fue allí que, una bella mañana (oh, qué bella, asoleada, resplandeciente),

encontré a Shantala, sentada en el suelo mismo y dando masaje a su bebé.

¡Quién podrá decir la gloria de la luz y los milagros del amor!

¡De pronto, en plena sordidez, se me concedía contemplar un espectáculo de la más pura belleza!

Quedé mudo.

Bebía, en silencio lo que veía.

Era como un ritual, tan grave era todo, tan revestido estaba de una extraordinaria dignidad.

Era como un ballet, tanta armonía en ello, tan justo era el ritmo, tan soberano, aunque de gran lentitud.

Y era como el amor, tanto abandono había en ello, tanta ternura.

Permanecí allí, deslumbrado, confundido.

El horror de las calles sórdidas que había recorrido, de las sucias casillas entrevistas, todo había desaparecido.

Estaba como cegado por tanta belleza y tanto amor.

En verdad, el sol hacía volar todo en resplandor, y alumbraba la algarabía en todas partes.

Súbitamente comprendí a Job y su paciencia, y cómo había podido permanecer silencioso sobre su estiércol:

"¿Y quién eres tú para pedirme cuentas a Mí?

Y las palabras que toda la India conoce se pusieron a cantar:

"En el barro es donde el loto tiene sus raíces,
en las aguas turbias, podridas, en donde crece,
irresistiblemente atraído por esa luz
que ignora
pero presiente

y que tira de él
y lo atrae
y lo alza
y lo obliga a subir
y que, súbitamente, encuentra
cuando llega a la superficie,
la atraviesa.
Entonces,.glorioso, se abre,
se expande,
y, cegado, deslumbra a todos
con su indecible resplandor."

Sí, quedé mudo de maravilla. Y confundido por la profundidad de la lección.

Y como turbado por haber sorprendido tal intercambio.

Cuando –habiendo terminado y habiéndose apercibido de que yo estaba allí– Shantala me sonrió, le pedí, casi tímidamente, permiso para volver a fotografiarla.

Pareció sorprendida.

Asombrada de ver que me detenía en aquello que, para ella, era simple tarea cotidiana.

Por simplicidad y por amistad (algunos años antes, yo la había ayudado), aceptó.

Volví, entonces, al día siguiente.

Y muchos días más.

Tanto había para ver y aprender.

Sin embargo todo parecía tan simple. Tan justo. Tan verdadero.

Verdadero.

Pero es que, justamente, la verdad es inagotable.

Un día finalmente tomé las fotografías.

Como un pintor ensayaría atrapar al vuelo, sorprender, detener, capturar el inapreciable, movedizo, fugitivo secreto de la belleza.

Y ese secreto estaba allí.
Hecho, simplemente, de amor y de luz
y de silencio
y de gravedad.

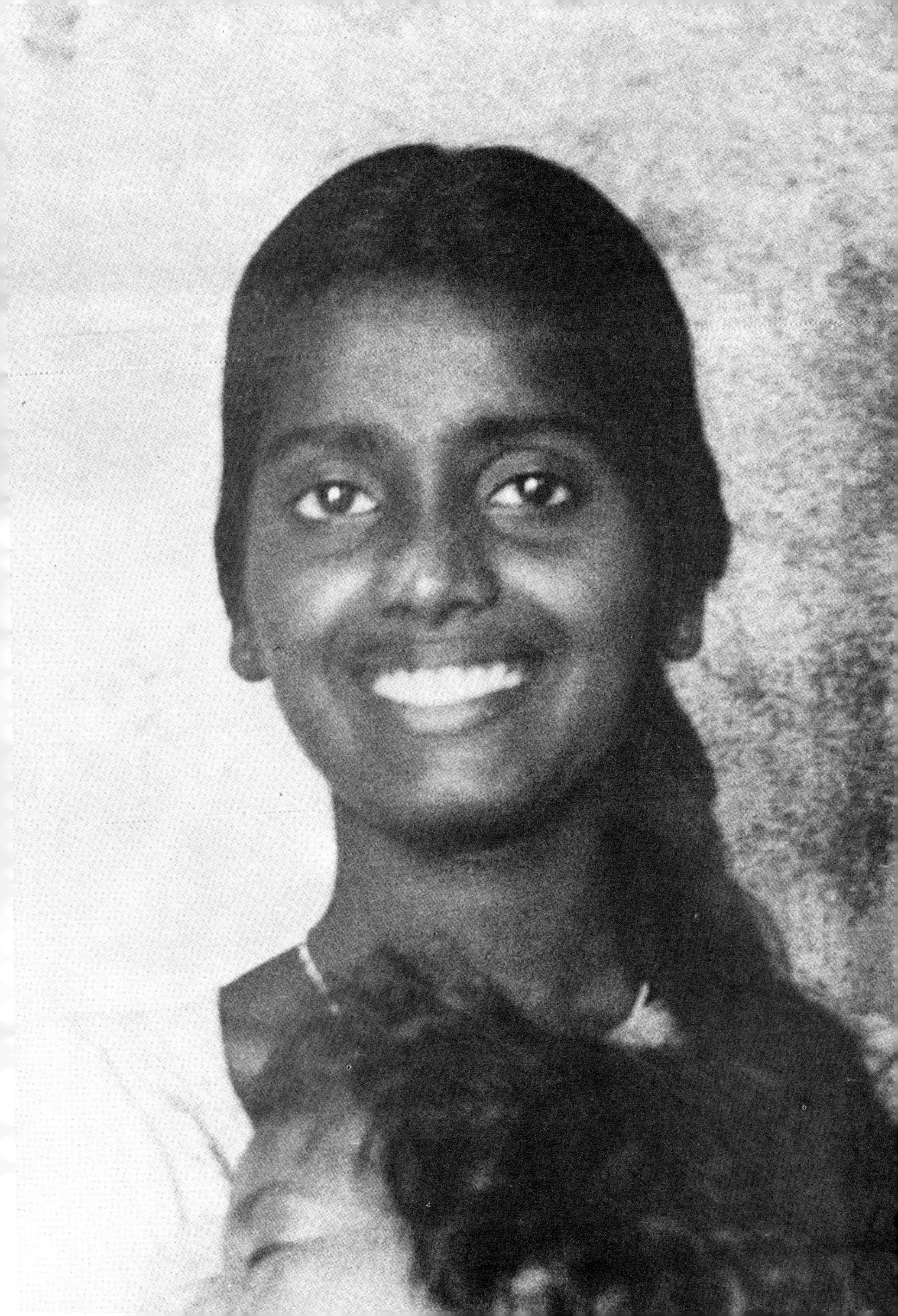

Agradecimientos

Esta historia no podría terminarse sin que se pronunciaran los nombres de Léo y Françoise Jalais.

Esos dos seres de excepción (que su modestia me perdone), después de consagrar muchos años a Hermanos de los Hombres, animan ahora Seva Sangha Samiti, una organización caritativa muy próxima a aquélla, pero dedicada más especialmente a la India.

Muy cercanos a la Madre Teresa, viviendo como ella por los pobres, con los pobres y compartiendo su pobreza, Léo y Françoise, sin dejar de criar a sus dos hijos, han creado y dan vida a hogares donde los más desheredados de Calcuta reciben ayuda sin distinción de clase, de casta, de etnia, de religión.

Ayuda y –lo que es mejor todavía– esa amistad sin la que no hay vida posible.

Es a ellos a quienes debo, haber encontrado a Shantala, por quien ellos continúan velando.

Reciban por ello mi profundo agradecimiento.

Por su intermedio podrán entrar en contacto con Shantala los que deseen encontrarla:

Léo y Françoise Jalais
"Seva Sangha Samiti"
5 Bl Roy Road
Pilkana Howrah
West Bengal India

Este ejemplar se termino de imprimir
en los talleres graficos ALMAGRAFICA
en el mes de junio de 2010